KB089193

간다 마사노리의

감정 마케팅으로
고객을 사로잡는 법

もっとあなたの会社が90日で儲かる!

간다 마사노리의

감정 마케팅으로
고객을 사로잡는 법

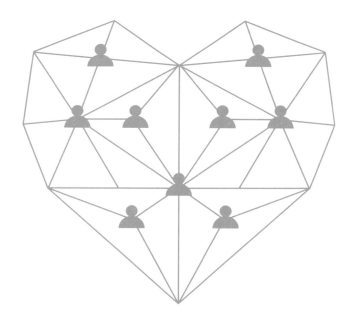

간다 마사노리 지음 | 최윤경 옮김

두드림미디어

등골이 오싹해졌다. 작년 1월의 일이다. 오사카의 어느 부동산 회사로부터 한 통의 팩스를 받았다.

'재건축 주택 3채가 하루 만에 다 팔렸습니다. 그저 240통의 DM(다이렉트 메일)을 보냈을 뿐인데 말이죠.'

240통의 DM을 보냈더니 견학회 당일에 50팀이 방문했다. 최종적으로 5팀이 꼭 사고 싶다는 의견을 표명했다. 하지만 판매할 수 있는 주택은 3채뿐이었기에 결국, 마지막에는 가위바위보로 정했다고 한다.

240통의 다이렉트 메일에 든 비용은 고작 약 3만 엔. 3만 엔의 투자로 주택 3채, 1억 6,500엔의 판매량을 하루 만에 올렸다. 어떻게 이런 비상식적인 일이 일어날 수 있었을까?

이 주택의 가치는 5,500만 엔이다. 이 지역의 평균 주택 가격이 3,500만 엔이기에 꽤 높은 금액이다. 부동산 중개사무소의 말에 의하면 입지가 좋은 것은 아니라고 한다. 그런데도 하루 만에 다 나간 것이다.

사실 이 물건을 판매하기 전에 부동산 중개사무소 직원은 사장에게 "사장님, 아무리 그래도 이렇게 비싼 물건을 파는데 다이렉트 메일 240통만으로는 불안해요. 잘 팔릴 거라는 보장이 없잖아요. 전단도 돌려봐요!"라고 말했다고 한다.

결국 사장은 그의 의견에 떠밀려 40만 장의 전단 작업도 했다고 한다. 전단을 통해 과연 몇 팀이 부동산 중개사무소를 방문했을까? 3팀이다. 고작 3팀.

240통의 DM으로 50팀, 반면 40만 장의 전단으로 3팀. 왜 이런 차이가 생겼을까?

이 '차이가 생기는 시스템'을 당신의 회사에서 실천하게 하는 것이 이 책의 목적이다. 이 책의 전작에서는 '고객의 감정을 내 편으로 만들어 광고의 반응을 높이는 방법'에 관해서 설명했다. 고객에게 판매하러 가는 것이 아니라, 반대로 고객이 '당신의 회사에 관심이 있어요'라고 먼저 관심을 보이게 하는 방법이다. 이 방법을 통해 비약적으로 영업 효율을 높일 수 있다.

이번에는 모은 고객을 충성고객으로 만드는 작업이다. 이에 대해서 지금까지와는 새로운 관점을 제공한다. 이 구조의 중요한 한 부분이 '21일 고객 감동 프로그램', 다시 말해 '평생 고객 교육 커리큘럼'이다. '우리 업계에도 적용할 수 있을까?' 하는 생각이 들 것이다.

모든 업계에 적용된다고 한다면 믿을 수 없겠지만, 이 구조의 기본인 '감정 마케팅'은 정치가에서부터 술집까지 거의 모든 업계에서 실천 중이다. 감정 마케팅이란 고객의 감정을 당신의 편으로 만드는 방법이다. 업계의 특수성에 초점을 맞추는 게 아니라 인간의 감정에 초점을 맞춘다. 그래서 당신의 고객이 '사람'이기만 하다면, 충분히 활용할 수 있는 것이다.

'어차피 못해. 귀찮은 일 아냐?'라고 생각할지도 모른다. 아니다. 그렇지 않다. 어려운 것은 아무것도 없다. 듣기만 해도 누구나 납득하고, 직감적으로 이해할 수 있는 프로그램이다. 오히려 나로서는 이런 단순한 내용을 지금까지 꺼낸 사람이 없다는 것 자체가 놀라울 정도다.

자, 다시 앞의 이야기로 돌아가보자. 주택 3채를 하루 만에 팔았다는 사실을 주변의 동종업계 종사자들은 어떻게 보고 있을까?

'경기가 좋아졌구나.'
'40만 장의 전단이 효과를 봤나 보네.'

오늘도 책 내용을 바탕으로 실천할 예정입니다.

간다 마사노리의 모든 책이 훌륭하다고 자신합니다. 이 책에서 언급된 전작 《90일 만에 당신의 회사를 고수익 기업으로 바꿔라》 역시 저에게 많은 영향력을 준 책입니다. 특히 회사 시스템을 만드는 데 큰 도움을 받았습니다. 이런 명저의 후속작인 이번 신간은 시행착오까지 줄여주는 그야말로 '90일 만에' 시리즈의 완결판에 가깝습니다.

전작과 신작을 동시에 읽는다면, 아마도 여러분은 《부의 추월차선》과 《언스크립티드》를 연이어 읽었던 기억과 비슷한 느낌을 받으실 거라고 예상합니다. 마치 성공한 사업가에게 자신의 성공담을 하나도 빠짐없이 옆에서 듣고 있는 그런 느낌일 것입니다. 그러니 반드시 2권 모두 읽어보시길 적극 추천드립니다.

감정 마케팅은 무엇인지, 우리는 왜 지금껏 마케팅에 실패하고 있었는지, 감정 마케팅으로 성과를 낸 기업들의 사례는 어떠한지, 감정 마케팅을 기반으로 어떻게 시스템을 만드는지, 조심해야 할 실수와 시행착오는 무엇이 있는지, 감정 마케팅으로 확보한 고객을 이탈하지 않게 어떻게 감동을 줄 수 있는지까지 이 책은 상세하게 설명합니다.

어떻습니까? 여러분도 당장 책을 읽고 실천하고 싶지 않으신가요? 90일 후에 달라져 있을 여러분에게 미리 응원과 축하의 박수를 보냅니다.

㈜특창사 대표
프랜차이즈 사업가
이근우

PART 3. 정직한 사람이 빠지기 쉬운 비즈니스 상식의 4가지 덫

PART 4. 감정 마케팅 실천 편

PART 5. 감정 마케팅으로 고객을 사로잡아라

PART

1

라이벌을 질투하게 만드는
마케팅 비법

전력을 다하면,
홈런

전작을 냈을 때, 나는 동종업계 종사자들로부터 비웃음을 샀다. 비즈니스서로서는 어울리지 않는 핑크색 표지에,《당신의 회사가 90일 만에 돈을 번다!》라는 제목이었기에, 그들에게는 모든 것이 수상해 보였을 것이다.

어떤 서점에서는 비즈니스서 책장에 꽂혀 있지 않고, 연예인이 쓴 에세이 옆에 나란히 꽂혀 있을 정도였다. 또한, 야한 책이라고 오해를 한 것일까.《술집 남자 일대기》라는 제목의 책 옆에 나란히 꽂혀 있던 서점도 있었다.

비즈니스서의 표지는 일본의 경우 보통 흰색인 경우가 많았기에 핑크색 비즈니스서는 전대미문의 도전이었다. 나에게 있어서도, 출판사에서도 도박이었다. 하지만 잘 팔렸다. 초판으로 1만 부를 찍었는데 6일 만에 재고가 떨어졌다. 출간 6개월 만에 5만 부가 팔렸다. 마케팅 관련 도서는 보통 '3,000부 정도 팔리면 괜찮은 판매량이다'라고 일컬어지는데, 이례적인 판매 추이였다.

핑크색 표지의 비즈니스서라니, 실패했다면 분명 놀림감이 되었을 것이다. 하지만 나는 무명 작가다. '멋있는 척해봤자 의미 없잖아?' 마음을 단단히 먹고 감정 마케팅을 실천했다. 그렇다. 내 책을 팔기 위해서 나는 이 책에 쓰인 방법을 응용했다. 그 결과, 잘 팔렸다. 무명 작가인 내가 썼음에도 팔렸다. 이처럼 감정 마케팅은 유명하지 않아도 홈런을 날릴 수 있는 방법이다.

브랜드가 없다. 회사가 작다. 인맥이 없다. 게다가 경험도 없다. 돈도 없다. 비즈니스에서의 핸디캡인 이러한 불편한 조건을 가진 회사라도 성공할 수 있는 도구, 이것이 감정 마케팅이다.

감정 마케팅을 한마디로 설명하자면, 고객의 감정을 당신의 편으로 만드는 방법이다.

고객은 이성으로 물건을 사는 것이 아니다. 고객은 감정으로 물건을 산다. 감정이 움직이지 않는 한 고객은 지갑을 열지 않는다. 계약서에 도장을 찍지 않는다. 고객은 감정으로 구매를 결정하고 이성으로 정당화한다. 그러므로 고객의 감정을 내 편으로 만들 수 있다면 유명하지 않더라도 책은 팔린다.

운인가,
실력인가?

'당신의 책이 잘 팔린 것은 운이 아닌가요?'

그런데 말이다. 단순한 운이 아니다. 다음의 편지 내용을 읽어주길 바란다.

나에게 편지를 보낸 주식회사 메이플홈즈 타카마츠는 내가 전작을 이용해서 서점에서 한 일을 전시회 부스에서 응용했다. 그 회사는 '오르또 봉투(オルトふうと-)'라고 하는 상품의 라이센스 계약을 모집했다. 오르또 봉투는 풀이나 가위를 사용하지 않고도 종이를 접는 것만으로도 봉투를 만들 수 있는 상품이다.

이 특허받은 봉투를 벤처기업 전시회에 출품했다.

간다 마사노리 선생님께

간다 마사노리 선생님, **큰일 났습니다!!!**

제게 이런 일이 생기리라고는 생각지도 못했습니다. 얼마 전, 선생님께 상담받은 덕분입니다. 기억나세요? 유라쿠쵸의 국제포럼에 출전하기 위해서 아이디어가 필요하다고 했던 상담 전화를요.

그때 정해진 것은 왼쪽에 폭탄마크로 '특허', 오른쪽에는 무료라고 쓰고, 크게 '기적의 봉투, 써 보지 않으실래요?'였었죠? 이것을 그대로 실행해봤습니다. 봉투 색은 핑크로 했습니다. 그랬더니 많은 분이 엄청난 반응을 보였습니다. "저, 기적의 봉투란 게 대체 뭐예요?"라고 물으셨습니다. 그렇게 수백 번 설명한 결과, 120개의 계약을 따냈습니다!

간다 마사노리 선생님은 대단한 분입니다. 저는 사람이 반응하는 힘에 압도되어 흥분했습니다. 이것이 간다 마사노리식 게릴라 마케팅이라는 것을 새삼 깨달았습니다. 덧붙여 책상 위에 놓아두었던 간다 마사노리 선생님의 책에도 반응을 보인 분들이 있었습니다('이 책 베스트셀러였죠?'라고 물으시거나 '지금 저도 읽고 있어요'라고 이야기하는 분들도 계셨습니다).

약 100명 이상의 분들을 상대하느라 정신이 없어서 힘들었습니다.
정말로 감사합니다.

작은 전시 부스였다. 아마 '오르또 봉투'를 들어본 사람도 거의 없을 것이다. 그런데도 사람들이 쉴 새 없이 부스를 찾았다.

어느 보습 학원의 신학기 포럼도 닛케이 프랜차이즈 페어에 출전했다. 이 학원 역시 유명하지 않다. 게다가 이 학원 부스 주변에는 유명한 학원들도 많았다. 결코 유리한 조건이 아니었다. 그런데 작업한 전단을 뿌리자마자 대성황을 이루었다. 주변의 큰 학원들의 부스는 파리를 날리고 있는데, 이 무명의 학원에는 고객이 끊임없이 찾아왔다.

이처럼 '집객'은 그저 유명하다고 해서 좋은 것이 아니다. 돈을 많이 들인다고 해서 되는 것도 아니다. 돈은 들이지 않는다. 하지만 지혜를 짜낸다. 라이벌 기업보다 눈에 띄는 부스를 만든다. 흥미를 끌 수 있는 전단을 만든다. 그렇게 해서 전시장 안을 지나다니는 사람의 감정의 방아쇠를 잡아당긴다.

그 결과, 라이벌이 질투할 정도로 고객이 모인다. 당신도 라이벌을 질투하게 만들고 싶지 않은가? 대기업의 코를 납작하게 만들고 싶지 않은가?

비즈니스는
쾌감

계산대로 고객이 모이면 쾌감이 느껴질 것이다. '계산대로'라고 하면, '고객의 감정을 조작하는 게 아닌가?' 하고 생각할 수도 있다. 하지만 내 생각에 집객은 결코 감정 조작이 아니다. 집객은 당신과 고객 사이의 커뮤니케이션이다. 그리고 커뮤니케이션이 잘되면, 당신의 생각이 전해져서 모이는 사람 수가 늘어난다.

고객이 모인다는 것은 고객이 당신 회사의 팬이 된다는 것이다. 그런 팬이 늘어날 때, 비즈니스는 정말로 즐겁다. 쾌감이 느껴진다.

'매상은 진검승부다. 즐겁게 하겠다는 그런 가벼운 생각으로 뭘 할 수 있겠어!'라고 의심하는 분들도 있을 것이다. 하지만 그렇지 않다.

오사카 히라카타의 주식회사 하우징 센터의 나카타(仲田) 사장은 결함이 있는 주택을 만들지 않기 위한 모임을 만들었다. 그리고 그 취지에 찬성하는 설계사 등을 모아 건축 예정지 현장에서 설명회를 진행했다. 비가 오는 날인데도 불구하고, 무려 150팀이 방문해 설명에 진지하게 귀를 기울였다.

또 다른 예를 들어보겠다. 아이치현 한다시 나카니 주점의 오하시 씨는 소믈리에로, 매년 시음회를 진행하고 있다. 그의 와인에 대한 생각에 공감하는 많은 손님이 모였다. 그리고 그 손님이 다른 손님을 데려왔다. 수년간 적자가 이어졌지만, 올해는 처음으로 흑자를 달성했다.

물론 이러한 예는 극히 일부일 뿐이다. 더욱 많은 사례가 있다.

이처럼 감정 마케팅은 고객과 당신의 거리를 가깝게 만든다. 그리고 그것을 수익으로 가져온다. 그렇기에 신이 날 수밖에 없다.

실패는 없다, 실패 하나하나가 하나의 데이터가 된다

물론 모든 사람이 다 성공한 것은 아니다. "항의하겠다"라고 연락한 사람도 있었다. "당신 책에 쓰여 있는 것을 따라 했다가 전단 반응이 최악이었다. 당신은 악덕 업자다"라고 이야기하는 분도 있다.

장사를 잘하는 것과 악덕 업자는 종이 한 장 차이이니 나는 악덕 업자일지도 모른다. 아무리 정직한 사람이라도 돈에 눈이 어두워지면 악덕 업자가 되기 쉽다. 나도 물론 그 위험을 안고 있다. 잘난 척하면서 "나를 믿지 않는다", "기도하라"라며 이상한 항아리나 약을 팔기 시작하면 이것은 굉장히 위험한 상황이다. 이렇게 되면 정말 악덕 업자이기 때문에 내가 그렇게 된다면 내 책을 바로 쓰레기통에 버려도 좋다.

내가 한 말에 책임을 지고 싶지만, 나는 신이 아니다. 신이 아니기 때문에 책을 산 모든 사람의 사업이 반드시 성공할 것이라고 약속할 수는 없다. 약속한다면 그것은 비즈니스 현실을 모르는 사기꾼일 것이다. 그래도 약속할 수 있는 것이 하나 있다. 그것은 바로 '반드시 실패할 것이다'라는 것이다.

"실패하면 의미가 없잖아요?"라고 항의하는 사람이 있을 것이다. 아니다. 그 반대다. 실패야말로 의미가 있다. 실패는 하나의 데이터다. '어떤 메시지를 고객에게 던졌을 때, 몇 %의 고객이 반응했는가' 하는 하나의 데이터인 것이다. 그 반응 하나하나가 모여 사업 노하우가 된다.

실패하는 것은 당연하다. 어떤 천재라도 10번 중 8번은 실패한다. 그 8번의 실패를 가능한 한 빨리 겪어라. 게다가 가능한 한 돈을 들이지 말고 해라. 이것이 성공하기 위한 비결이다.

어렵게 생각할 필요 없다. 어렵게 생각하면 어려운 손님밖에 모이지 않는다. 재미있게 하자. 다만 중요한 것은 첫발을 내딛느냐 하는 것이다. 그 한 걸음이 엄청난 차이를 낳는다.

한 번의 행동이
100번의 명상보다 낫다

나는 현재 한 달에 100번 이상의 상담을 경영자로부터 의뢰받는다. 이렇게 의뢰받아 진행하면, 느는 사람과 늘지 않는 사람의 차이가 굉장히 확연하게 보인다. 늘지 않는 사람이 전형적으로 하는 말이 있다.

전화로 처음부터 "우리 업계에 들어맞을까요?", "우리 업계에서 실적이 있을까요?"라고 묻는다. 그럼 나는 "아니요, 해당하지 않습니다", "실적도 없습니다"라고 말한다.

굳이 이렇게 말한다. 왜냐하면 결과 유무는 업계와는 무관하다. 실천하는 사람의 마음가짐에 따라 결정되기 때문이다.

늘지 않는 사람은 행동하지 않으면서 변명을 잘 찾는다.

"아, 그거 예전에 했는데 별로 효과가 없어요."

"우리 업계에서는 규제가 있어서 못 써요."

반면 결과를 내는 사람은 "저는 이렇게 생각하는데, 어떻게 생각하세요?"라고 묻는다. 둘은 어떤 게 다를까? 바로, 결과를 내는 사람은 행동이 전제되어 있다.

많은 성공자를 보고 있지만, 그들 모두가 처음부터 성공한 것은 아니다. 그런 사람은 절대 없다. 성공한 사람들의 공통점은 성공한 만큼, 아니 성공 이상으로 실패하고 있다는 것이다. 실패를 바탕으로 가설과 검증을 해나가고, 그렇게 나름대로 구조를 만들었다.

'이 구조를 만드는 것은 굉장히 힘들다. 게다가 시간도 걸릴 것이다'라고 생각하는가? 아니다. 길어야 3개월 정도다. 고작 3개월이다. 3개월간 열심히 해서 결과가 나오지 않으면 3년을 해도 결과는 바뀌지 않는다. 이 기간에 집중할 수 있는지, 없는지에 따라 인생이 크게 바뀐다.

행동하지 않으면 아무것도 변하지 않는다. 반대로, 행동하면 그 압력에 대해 반드시 반작용이 일어난다. 작용이 있으면 당연히 반작용도 함께 존재한다. 이것은 물리의 법칙이다. 당신이 행동하면 반드시 그에 걸맞은 결과가 나온다.

연줄도, 인맥도 없기에
행동할 수 있다

성공은 작은 행동이 계기가 된다. 이런 작은 한 걸음을 내디딜 용기가 있는가? 이것이 변화를 불러온다.

나 역시 작은 일로 스스로 깜짝 놀랄 정도로 변했다. 나는 얼마 전까지 정리해고를 두려워하던 평범한 직장인이었다. 하지만 2년 전, 각오를 다지고 독립을 하게 되었다. 처음부터 일이 잘 풀린 것은 아니다. 자금이 30만 엔도 남지 않았을 때는 폐업도 생각했다. 그래도 버텼다. 그 결과, 첫해에 연 매출 1억 엔을 돌파했다. 사원은 파견사원 1명뿐이었기에 수익 대부분은 내 몫이었다. 지금은 솔직히 야구선수만큼 벌고 있다.

일을 선택해서 할 수 있기에 손님에게 영업할 필요도 없다. 마음에 들지 않는 고객과는 거래하지 않는다. 싫은 일을 하지 않아도 된다. 넥타

이도 매지 않는다. 자랑하려고 하는 말이 아니다. '아주 작은 행동이 크게 인생을 움직인다'라는 것을 전하고 싶은 것뿐이다.

독립해서 경영 컨설턴트 회사를 열었다. 하지만 컨설턴트는 누구든 될 수 있다. 이름만 대면 경험도, 자격도 필요 없기 때문이다. 즉, '나는 컨설턴트다'라고 말하는 순간, 컨설턴트가 될 수 있다. 하지만 컨설턴트는 손님이 오지 않으면 의미가 없다.

나도 처음에는 연줄도, 인맥도 없었다. '어떻게든 해야 한다'라고 생각했다. 그렇지 않으면 먹고살 수 없었다. 고민 끝에 한 장의 팩스를 비즈니스 출판사에 보냈다.

'귀사의 잡지에 무료로 집필하겠습니다. 관심 있으신 리포트가 있으면 요청해주세요.'

6월 2일, 이러한 취지의 팩스를 9개의 출판사에 보냈다. 시간은 오후 3시 32분이었다.

오후 4시 47분, 한 장의 팩스가 도착했다. 주간 다이아몬드의 편집장으로부터였다. 리포트를 보내달라는 지시였다. 야마토 택배 회사의 최종 픽업 시간은 5시였다. 서둘러서 인사문을 써서 리포트를 동봉했다. 그리고 당일 발송했다. 인사문에는 '제가 연락드릴게요'라고 적어두었다. 소책자를 다 읽었을 때쯤 전화하면 되겠지 싶었다.

다음 날 오전 11시 23분, 전화가 울렸다.

"안녕하세요. 다이아몬드 출판사입니다. 리포트를 읽었습니다. 굉장히 재미있었습니다. 한번 만나 뵙고 싶은데 괜찮을까요?"

'와~!' 소리를 지르고 싶어졌다. 그래도 침착하려고 노력했다. 사흘 후 다이아몬드 출판사 측을 만나러 갔다. 편집장, 부편집장, 그리고 이사가 나왔다.

편집장 : "이야, 이 리포트 재미있네요. 출판 안 하시나요?"

나 : "가능하면 하고 싶습니다."

편집장 : "저희 출판사에서 해보시는 것이 어떠신가요?"

나 : "네, 잘 부탁드립니다."

편집장 : "출판 담당자를 불러와주게."

어이가 없을 정도로 빠르게 출간이 결정되었다.

나 : "주간 다이아몬드 쪽은 어떻게 하고 싶으신가요?"

부편집장 : "여러 가지 방법이 있는데, 그중 하나가 권두 기사입니다."

나 : "아, 그것 재미있어 보이네요."

저축이 30만 엔을 밑돌고 있던 참이었기 때문에 나는 광대가 올라가려는 것을 꾹 참았다. 미팅이 끝나고 밖으로 나오자마자 정장 상의를 벗고 춤을 추기 시작했다.

이렇게 해서 무명의 컨설턴트는 주간 다이아몬드의 특집 기사를 12페이지나 쓰게 되었다. 그 결과, 문의가 온 회사가 2주 사이 무려 1,287개 사였다.

무명이어도 연줄이나 인맥이 없어도 홈런을 날릴 수 있다. 팩스 한 장이 인생을 바꾼다. 그때 그 팩스를 보낼 결단을 내리지 않았다면 이러한 결과는 없었을 것이다.

어떤가? 부럽지 않은가? 하지만 이제 당신이 부러움을 받을 차례다. 그리고 그것은 결코 어려운 일이 아니다. 첫발을 내디딜 용기만 있으면 된다. 그 한 걸음이 크게 당신의 세계를 바꿔갈 것이다.

문제 >>>

A와 B 중, 앞으로 성장할 회사는 어느 곳인가?

A사

고객 : "저, 전단을 보고 전화했습니다."

전화 담당자 : "죄송합니다. 지금 영업 담당자가 자리를 비웠습니다."

B사

고객 : "저, 전단을 보고 전화했습니다."

전화 담당자 : "전화해주셔서 감사합니다. 어떤 광고를 보시고 연락해주셨나요? 광고의 아래에 코드번호가 있는데, 번거로우시겠지만 그 번호를 가르쳐주시겠습니까?"

☞ 답은 물론 B사다. 당신의 회사는 혹시 A사와 같은 태도를 보이고 있지는 않은가?

PART

2

고객의 감정을
내 편으로 만드는 방법

왜 비즈니스는
어렵다고 생각되는 것일까?

당신 : "뭔가 간다 마사노리 씨의 이야기를 듣고 있으면, 비즈니스가 굉장히 즐거운 것처럼 느껴집니다."

나 : "즐거워요. 어떻게 작동하는지 구조만 알면 돼요. 이런 메시지를 보내면 이 정도 손님이 반응할 것인지 예측합니다. 그리고 그대로 진행합니다. 생각한 대로 결과가 나오면 쾌감을 느낍니다."

당신 : "아, 맞아요! 전작에서도 손님을 모으는 것은 과학이라고 했는데, 정말 예측할 수 있나요?"

나 : "익숙해지면 전단을 배포한 후에 1~2시간 뒤 전화가 오는 정도에 따라 매출이 얼마나 오를지 알 수 있어요."

당신 : "그런데 그런 것은 회사나 업계에 따라 다르지 않나요?"

나 : "음, 어떤 회사든 자신은 다를 거라고 생각합니다. 그런데 현실은 전단에는 전단, 다이렉트 메일에는 다이렉트 메일의 반응률이 있고, 그리고 광고에는 광고 반응 비용이라는 게 있습니다. 그것은

상품의 품질이 아무리 훌륭해도 어느 정도 틀이 있기 마련입니다."

당신 : "즉, 어떤 영업 방법을 취하는지에 따라 고객을 불러 모으는 비용이 결정된다는 것이군요."

나 : "맞아요. 바로 그것입니다. 그래서 효율적이지 않은 영업 방법을 선택하다 보면 회사의 명줄이 짧아집니다."

당신 : "하지만 보통은 그렇게 즐거운 것이 아니라고 생각하잖아요? 비즈니스는 대부분 어려운 것이라고 생각하는데…."

나 : "그것은 음모라고 생각합니다. (웃음) 어렵게 생각하게 함으로써 이득을 보는 사람이 많으니까요. 비즈니스에는 간단한 방법과 복잡한 방법이 있습니다. 그런데 왜 그런지 모두 복잡한 쪽을 선택합니다."

당신 : "그것은 왜 그럴까요?"

나 : "아마 경리와 비즈니스를 섞어서 생각하기 때문입니다. 비즈니스를 평가할 때 경리용어로 생각하는 것입니다. 단순화한 예를 들어보면, '매상-비용=이익'과 같은 것이지요."

당신 : "맞아요. 그렇게 숫자를 분석하는 것이 경영이라고 생각하지요."

나 : "하지만 그것은 '결과'의 분석입니다. 매출을 어떻게 만드느냐 하는 것과는 전혀 관계가 없습니다."

당신 : "분석을 아무리 해도 소용이 없다는 것인가요?"

나 : "아니요. 쓸데없다는 것은 아닙니다. 효율을 개선할 수 있으니까

요. 하지만 효율을 개선한다는 것은 그 전제로 매출이 오르고 있지 않으면 안 됩니다."

당신 : "그렇군요. 즉, 숫자 분석과 숫자를 만드는 것은 다르다는 것이지요?"

나 : "맞아요. 하지만 지위가 높아지면 숫자를 분석하는 데만 관심을 두게 됩니다. 예전의 저처럼 말이죠. 지식 경영이니, 공급망 관리니, 현금 흐름 경영이니, 데이터베이스 마케팅이니 하는 것은 모두 숫자 분석입니다. 대기업의 중간관리자를 그 자리에 두기 위해서는 그것이 필요합니다. 하지만 일본의 90% 이상을 차지하는 기업은 사원이 30명 이하의 영세기업이잖아요? 그런 기업에는 전혀 필요가 없습니다."

당신 : "비즈니스를 너무 복잡하게 생각하고 있다는 것을 알았습니다. 그럼, 간단하게 하는 방법은 어떤 것입니까?"

나 : "간단하게 하는 것은 고객을 중심으로 비즈니스를 재검토하는 방법입니다. 즉, 고객을 늘린다는 목적으로 좁혀서 그 법칙성을 끌어내면 됩니다. 손님을 늘리는 시스템의 구축을 효율적으로 진행하는 것이 감정 마케팅입니다."

당신 : "책을 읽었을 때는 '우아, 내가 생각하고 있는 것이 그대로 써 있구나'라고 생각했습니다."

나 : "그것은 그렇게 생각하도록 썼기 때문입니다. 원래 인간은 이해하기 쉬운 것에만 반응하니까요."

당신 : "아, 그렇군요. 이것도 상대로부터 반응을 얻기 위한 간다 마사노리 씨만의 방법이었군요."

나 : "트릭을 공개하자면, 그렇습니다."

당신 : "재미있군요. 그런데 알 것 같지만, 제가 직접 응용하려고 하니 갑자기 헷갈립니다."

나 : "그럼 감정 마케팅의 포인트를 다시 한번 복습해봅시다."

감정 마케팅을 실천하기 위한
5대 포인트

포인트 1 고객이 오지 않으면 회사는 망한다. 어떤 비즈니스라도 지속해서 신규고객을 모으지 않으면 망한다. 그 원칙은 포장마차 라멘 가게든, 토요타나 소니와 같은 큰 기업이든 마찬가지다.

"머릿속 안개가 걷혔어요. 경영 목적이 분명해졌어요."

만나자마자 한 사장이 이렇게 말을 꺼냈다. 굉장히 깊은 학식이 담긴 이야기이기에 소개하려고 한다.

"요즘 주식 투자가 흥하는 것 같아요. 모임에 나가면 종종 듣게 돼요. '통신주로 3,000만 엔 벌었다'라는 이야기 같은 것을요. 그게 한 번 정도라면 괜찮아요. 그런데 두 번, 세 번 듣게 되면 사람은 귀가 얇아서 '나도 이런 장사로 이익을 내는 것보다 주식을 하는 것이 좋지 않을까?'

하고 생각이 들기 시작하는 거죠.

얼마 전에 열린 간다 마사노리 씨의 강연회에 규슈의 다케다 요이치(竹田陽一) 선생님이 계셨잖아요? 그래서 다케다 선생님의 책을 설 연휴에 쉬면서 몇 권이나 읽었거든요. 그랬더니 머릿속 안개가 걷혔어요!

다케다 선생님은 책을 통해 '경영의 목적은 손님을 늘리는 것'이라는 것을 가르쳐주셨어요. 저는 덕분에 이런 주식 투자 같은 것에 대한 흥미가 싹 사라졌습니다. '손님을 늘리는 것, 그것이 경영의 목적이구나'라는 것을 이제야 깨달았습니다."

이것은 사실 굉장히 당연하다. 당연한 부분인데 굉장히 중요하다. 손님이 오지 않으면 회사는 망한다. 이는 포장마차 라멘 가게에서부터 토요타, 소니에 이르기까지 모든 비즈니스에 공통되는 진리다.

목적을 '집객'으로 좁히면 비즈니스라는 것은 지극히 간단한 구조인 것을 알 수 있다. 다음 3가지 흐름을 지속해서 실천하면 어떤 회사든 반드시 번영할 수 있다.

① 비용을 효율적으로 활용해 예상고객을 모은다.
② 그 예상고객을 기존고객으로 만든다.
③ 그 기존고객이 재구매하게 한다.

이 3가지 흐름은 모든 회사에 해당한다.

'우리 회사의 손님은 아마 일생에 한 번밖에 우리 상품을 사지 않는다. 그러니 재구매하는 손님은 없을 것이다.'

이런 반론도 있을 것이다. 예를 들어, 토지 같은 것은 평생 몇 번이고 살 수 있는 것은 아닐 것이다. 하지만 평생에 한 번밖에 구매하지 않아도 기존고객의 소개로 그 친구가 구매할지도 모른다. 또는 기존고객의 아이가 성장했을 때 같은 부동산 중개사무소를 이용할 수도 있다.

기존고객은 재구매의 원천이 된다. 그러므로 일생에 한 번뿐인 상품을 판매했더라도 재구매라는 콘셉트에 그대로 들어맞는다.

3가지 종류의 고객과
그 각각의 고객을 모으는 도구

이처럼 어느 회사나 ① 예상고객을 모아, ② 기존고객으로 만들어, ③ 재구매고객으로 만든다. 이러한 과정이 필요한데, 여기서 또 하나 중요한 포인트가 있다.

예상고객, 기존고객, 재구매고객은 각각 전혀 다른 특징을 지닌다. 따라서 각각의 고객을 모으기 위해서는 각기 다른 도구를 활용해야 한다. 사용하는 도구와 모으고 싶은 고객을 섞어버리게 되면 영업 효율은 극단적으로 나빠진다.

예를 들어보자.

"내 눈앞에 손님이 있다면 10명 중 8명은 살 것이다."

술집에서 이렇게 자랑하는 베테랑 영업사원이 있다. 예전에는 이것도 가능했다. 예상고객이 많았기 때문이다. 그런데 지금은 눈앞에 고객이 없다.

이런 영업부장이 있다면 그 회사의 영업 효율은 형편없을 것이다. 왜냐하면 사용하는 도구와 모으고 싶은 손님을 구분하지 못하는 실수를 하고 있기 때문이다.

- 내 눈앞에 있는 고객이 사게 하는 데 필요한 스킬은 설득의 기술이다.
- 내 눈앞에 고객을 끌어당기는 데 필요한 스킬은 광고 마케팅이다.

즉, 각각의 스킬이 다르다. 이 분업을 전혀 생각하고 있지 않은 회사를 덮밥 영업회사라고 한다. 경멸하도록 하자.

아무튼 일단 제일 먼저 예상고객이다. 3가지 종류의 고객 중 모든 집객의 입구가 되는 것이 예상고객이다. 예상고객이 늘지 않으면, 기존고객은 늘지 않는다. 기존고객이 늘지 않으면, 재구매고객은 늘지 않는다. 그렇다는 것은 즉, 예상고객이 계속해서 늘지 않으면 반드시 회사는 벽에 부딪히게 된다.

이렇게 생각하면 예상고객을 모으기 위한 스킬이 회사가 존속하기 위한 필수 조건이라는 것을 알 수 있을 것이다. 그러면 예상고객을 모으기 위한 스킬에는 어떤 것이 있을까? 앞에서도 말했듯이 예상고객을 '내 눈앞으로 끌어당기는' 스킬은 광고 마케팅이다.

이 광고 마케팅이 잘되면 고객을 모으기 위한 최대의 무기가 된다. 왜냐하면 24시간, 불평불만 없이 전화를 울리게 해주기 때문이다. 게다가 전국 규모로 활약해준다. 또한, 돈을 벌지 못하면 바로 자를(폐지할) 수 있다.

물론 영업사원이 직접 손님을 개척하는 방법도 있다. 또한, 하나하나 전화를 걸거나 하는 방법 등도 있다. 하지만 이 경우, 육체적인 한계가 있다. 인건비 이상으로 이익률을 높여주면 괜찮지만, 반드시 그럴 것이라는 보장이 없다. 또한, 바로 자를 수가 없다. 이런 어려운 문제가 생긴다.

'예상고객을 잡기 위해서는 소개가 가장 빠르지 않나요?' 하는 반론도 있을 것이다. 이 말은 전적으로 맞다. 하지만 소개라는 것은 대부분 기존고객으로부터 받을 수밖에 없지 않은가? 그럴 수밖에 없는 게 당신의 회사를 전혀 모르는 사람이 친구나 가족에게 소개해줄 수는 없으니 말이다.

'입소문 시대이니까 입소문이 최고다!'라고 생각하는 사람도 있을 것이다. 맞다. 입소문도 중요하다. 그런데 당신 회사를 모르는 사람이 당신 회사에 대해 입소문을 낼 리가 없다. 즉, 기존고객이 늘지 않는 한 입소문도 나지 않는다.

광고에는 2가지 종류가 있다. 팔리는 광고와 팔리지 않는 광고. 대부분의 광고는 팔리지 않는 광고다.

광고 마케팅이라는 것에는 팔리는 광고와 팔리지 않는 광고가 있다.

안 팔리는 광고란, '이미지 광고'다. 신문이나 잡지 등을 보면 대부분은 이 이미지 광고를 하고 있다. 예쁜 사진을 사용해서 상품 소개나 가격은 작게 기재하고, 게다가 연락처도 작게 기재하는 것이 특징이다. 신문과 잡지의 내용물은 이런 이미지 광고로 넘쳐난다.

많은 대기업이 이미지 광고를 하고 있다. 그래서 중소기업들도 이런 광고를 하면 되나 싶어서 따라 하게 된다. 하지만 그 결과, 연락이 전혀 오지 않는(반응이 없는) 현실에 직면하게 된다.

그러면 '우리 회사는 지명도가 없어서 광고해도 반응이 없다'라고 생각할 수도 있을 것이다. 하지만 그것은 지명도가 없어서 반응이 없는 것이다. 반응을 얻는 것을 목적으로 하지 않는 광고를 해봤자 반응은 당연히 없다. 대기업이라고 해도 이미지 광고로 반드시 큰 반응을 얻는 것은 아니다.

반면, 팔리는 광고라는 것은 '리스폰스(response) 광고'를 말한다. 리스폰스란 '반응'이라는 의미다. 즉, 반응을 얻는 것을 목적으로 한 광고라는 것이다. 팔리는 광고와 팔리지 않는 광고를 구분하는 것은 간단하다.

오퍼가 있느냐, 없느냐에 따라 결정된다.

'오퍼가 뭐야?'라고 묻는다면, 무료를 의미한다. 무료 가이드북이라든가, 무료 리포트라든가, 무료 진단이라든가, 무료 체험학습이라든가, 무료 샘플 증정이라든가, 무료 모니터링이라든가, 이런 것을 오퍼라고 한다. 물론 무료가 아닌 오퍼도 있다. 체험 캠페인이라든가 체험 팩 등을 말한다.

이런 오퍼가 필요한 이유는 광고 효과를 측정하기 위해서다. 오퍼를 통해 고객으로부터의 반응을 얻을 수 있다. 즉, '당신의 상품에 관심이 있습니다'라고 손을 들게 하는 것이 가능해진다. 그리고 그 건수를 측정한다. 이 광고 게재에 의해 벌 수 있는지, 없는지를 1엔 단위까지 측정할 수 있다.

이미지 광고와 리스폰스 광고의 특징을 비교함으로써 당신은 "이미지 광고는 전혀 장점이 없지 않나요?"라고 물어볼 수 있다. 나도 예전에는 이미지 광고가 돈을 쓸데없이 버리는 것으로 생각했다. 하지만 진지하게 생각한 결과, 2가지 장점을 발견했다.

우선, 이미지 광고는 직원 복리후생에 도움이 되고 있다.

"어디에서 근무해요?"
"○○회사에 다니고 있습니다."

| 이미지 광고와 리스폰스 광고의 비교 |

구분	이미지 광고	리스폰스 광고
목적	인지도 up	수익 up
특징	– 사진, 그래픽 등의 아트성, 세련된 이미지 – 창의성 중시	– 카피 중심, 고객으로부터의 베네핏을 직접 소구 – 오퍼(무료 선물, 무료 샘플 등)의 제공
기대하는 고객의 반응	소매점에서 선택, 구입	주문, 또는 자료 요구
반복성	인지도를 얻기 위해 몇 번이고 반복한다.	여러 번 테스트를 거쳐 수익을 얻지 못하면 멈춘다.
효과 측정	수익을 내고 있는지 숫자로 측정하는 것은 어렵다.	광고 마케팅 자체의 효과 측정을 엄밀하게 할 수 있다.
기존고객의 특징	샘플 추출에 의한 조사	데이터 구축에 의해 고객 프로필을 명확화
특히 통하는 업계	소비재(식품, 음료 등)	고가 내구 소비재(주택, 자동차 등), 서비스(금융, 여행, 교육 등)
장점	– 사원의 부모가 안심한다(?) – 애인이 기뻐한다(?)	바로 이익으로 이어진다!

"아, 그 TV 광고에서 봤어요. 좋은 회사에 다니시네요!"

이런 식으로 세상에 잘 통하게 된다. 그리고 부모의 기를 살려주기도 한다.

더 큰 장점도 있다. 이것은 뒷이야기지만, 한 금융기관은 일본 전통 옷을 입은 여성을 모델로 사용했다. 은행장의 애인이 일본 무용을 하고 있었기 때문이다. 그래서 그 애인을 모델로 사용한 것이다. 또한 얼마 전, 주간지에서 읽었는데, 한 학원의 원장은 술집에서 만난 여성을 광고 캐릭터로 기용했다. 게다가 그 여성과 결혼한다는 이야기도 있다.

이처럼 이미지 광고는 애인을 기쁘게 하는 데 최고의 효과가 있다. 하지만 매상에 직접적인 효과를 기대하기는 어렵다. 그렇기에 진지하게 사업을 하는 회사가 이미지 광고를 내는 것은 치명상이 될 수도 있다.

한 가정교사 파견 체인회사의 사장으로부터 이런 이야기를 들었다. 이 사장은 창업 몇 년 동안 꽤 벌었다고 한다. 그때는 '세금을 낼 정도라면'이라는 생각으로 TV 광고를 했다. 오사카의 어느 개그맨을 기용했다. 제작비는 1억 엔 이상을 들였다. 결과는 참패였다. 그때 광고 대행사로부터 이런 말을 들었다고 한다.

"TV 광고라면 최소 5억 엔은 들였어야지."

순조롭게 쑥쑥 성장하고 있는 회사는 대기업에 대한 저항 의식이 있다. 그래서 TV나 신문에 이미지 광고를 하고 싶어 한다. 하지만 그것이 함정이 되는 경우가 많다는 것을 기억해야 한다. 이미지 광고는 돈이 물 흐르듯 남는 회사가 아닌 이상은 절대로 해서는 안 된다.

포인트 3 광고 마케팅의 반응은 단어를 바꾸는 것만으로 크게 변한다. 그것이 팔리는 구조를 구축하는지, 못하는지를 결정하기도 한다.

광고 마케팅은 표현을 조금 바꾸는 것만으로 반응이 크게 달라진다. 완전히 같은 상품, 같은 가격이라고 해도 광고의 제목만 조금 바꿔도 매출이 몇 배로 달라진다.

예를 들면, 정수기의 모니터링 모집 공고에서 '테스트'와 '무료 모니터'라고 하는 2가지 패턴의 단어를 사용한 결과, 무료 모니터로 쓴 경우의 반응이 18.8%나 좋았다.

여행회사에서 '경비를 절감합니다'라는 문장을 활용한 광고와 '아직도 헛돈을 항공권으로 쓰고 계십니까?'라는 문장의 광고를 냈다. 그러자 후자의 광고에서 전화가 걸려 오는 정도가 10배 늘었다. 농담 같은 이야기지만, 어떤 문장에는 손님의 감정의 고리를 풀어주는 효과가 있다.

홋카이도 치토세 공항에 '공항 한정 생 카망베르'라는 상품이 있다. 이 '생(生)'이라는 글자도 감정적인 단어다. 생 카망베르라고 해도 사실 확 와닿지는 않지만, 아무튼 이 단어를 붙이면 잘 팔린다.

어떤 슈퍼에서 물고기를 팔 때, '생'이라고 써두면 그것만으로도 매상이 2배 정도 올랐다고 하는 보고가 있다. 물고기가 가공하지 않은 자연본래의 '생'인 것은 당연하다. 그런데도 '생'이라고 붙이는 것만으로도 잘 팔린다는 데 포인트가 있다.

이와 같은 효과가 있는 단어는 더 있다. '무료', '한정', '지금이라면', '지금 당장', '신청은 간단!' 등은 리스폰스 광고에서는 없어서는 안 될 단어들이다. 이러한 단어들을 사용함으로써 반응이 늘어난다는 것이 검증되고 있기 때문이다.

그럼, 제일 반응을 얻을 수 없는 광고는 어떤 것일까? 다음의 방정식으로 설명할 수 있다.

자기만족 광고 = 상품명 + 상품 자랑(기능 설명) + 가격 + 연락처

이것을 인간관계에 대입해보면 다음과 같다.

"나는 동경대학교를 졸업해서 현재 은행에 근무하고 있고, 연봉은 무려 1,000만 엔이야. 이런 좋은 남자는 찾아보기 힘들걸. 당연히 나와 결혼해주겠지? 내 전화번호는 010-○○○○-○○○○이야."

당신이라면 이 남자를 선택할 것인가?

반면, 높은 반응을 얻을 수 있는 광고는 자신을 설명하는 것이 아니라, 상대의 장점을 설명한다.

자신에 대해 이야기하고 싶은 것은 이해한다. 하지만 그런 마음을 꾹 참고 상대가 듣고 싶어 하는 것을 말해줘야 한다. 다시 말해, 내가 말하고 싶은 것을 말하는 것이 아니라, 상대가 듣고 싶어 하는 것을 말해준다. 이것이 포인트다.

이것이 무슨 말인지 앞에서 이야기한 인간관계로 바꿔서 말하면 이렇다.

"무료! 행복한 결혼생활! 안정적인 일생을 당신에게!"

| 자기만족 광고 = 상품명 + 상품 자랑(기능 설명) + 가격 + 연락처 |

나는 홍길동이야!   ← 상품명

나는 동경대학교를 졸업해서 현재 은행에 근무하고 있고   ← 상품 자랑

연봉은 무려 1,000만 엔이야.   ← 가격

이런 좋은 남자는 찾아보기 힘들걸. 당연히 나와 결혼해주겠지?

내 전화번호는 010-○○○○-○○○○이야.   ← 연락처

동경대를 졸업했으니 안정적인 생활을 당신에게 약속할 수 있어요! 연봉이 1,000만 엔이나 되기에 한 단계 높은 인생을 즐길 수 있어요! 자세한 이력서를 준비했습니다. 청구는 간단합니다. 지금 바로 전화해 주세요! 선착순 10분 한정입니다!

이렇게 된다.

많은 사람이 당신이 만든 광고를 봐주기를 원하고 있지만, 당신의 광고는 어떤 패턴으로 만들어져 있는가? 사실 잡지나 신문의 대부분 광고가 자기만족 광고다.

반응을 얻기 위해서는 하고 싶은 말을 하는 것이 아니라 듣고 싶은 말을 해야 한다. 당신의 광고는 고객이 듣고 싶어 하는 말을 해주는가? 지금 당장 체크해보자.

예상고객을 광고 마케팅으로 모은 후, 계약 성사까지 이어지게 하려면 먼저 설계도를 만들어두는 것이 중요하다. 그리고 오퍼로 고객이 자발적으로 계단을 오르게 하는 것이 중요하다.

광고의 반응은 어떤 표현을 쓰는지에 따라 크게 달라진다. 그럼 그 표현만을 계속 활용하면 그것으로 충분할까? 안타깝게도 그렇지는 않다.

그것보다 더 중요한 것이 있다. 그것은 바로 예상고객을 모으는 것, 계약을 성사시키는 것, 그리고 당신의 이상적인 고객이 되기까지의 전체적인 설계도다.

이 설계도의 중요한 부분은 '거북이걸음으로 나아간다'라는 점이다. 서두르지 않고 한 걸음, 한 걸음, 계단을 올라가듯 손님에게 다가간다. 스텝 바이 스텝으로 서서히 고객이 먼저 말을 걸 수 있도록 영업 프로세스를 설계해나가야 한다.

대부분 회사는 이 단계를 생각하지 않는다. 사달라고 하는 데만 집중해서 판매 전략을 짠다. 그러면 고객은 '필요하지도 않은 것을 강요당한다'라고 생각해 당신을 피하는 것에 자신의 가장 큰 에너지를 쓰게 된다.

예를 들어, 주차장 관리 시스템을 판매하는 벤처기업이 있다고 하자. 가망고객은 대형 할인마트다. 주차장의 빈 주차 자리를 컴퓨터로 관리한다. 그 결과, 슈퍼는 고객의 CS(고객 만족도)가 높아져 고객이 느끼는 것이 판매 시스템이다.

고객의 감정을 생각하지 않고 설계도를 만들면, 다음과 같은 영업 스텝을 밟게 된다.

제1스텝 : 어쨌든 자신의 상품의 장점만을 계속 외친다(거래 담당자가 누구인지 조차 알지 못한 채, 계속 외치면 누군가가 나올 것이라고 생각하는 접근법)

제2스텝 : 어쨌든 견적만이라도 내게 해주세요.

제3스텝 : 몇 번이고 계속 고개를 숙여 부탁한다.

이것은 당하는 것에 쾌감을 느끼는 사람에게라면 좋은 설계도일 것이다. 왜 계속 고개를 숙여야 하는가? 그것은 영업 스텝과 고객의 감정이 일치하고 있지 않기 때문이다. 손님은 다급하게 필요하지 않다. 또 참을 수 없을 만큼 그것을 가지고 싶다는 욕구가 있지도 않다. 이런 흥미가 없는 고객에게 사달라고 하기 위해서 영업사원은 어떻게 해야 할까?

이야기를 들어주는 좋은 손님에게는 제1~3스텝을 반복할 것이다. 하지만 이런 설계도를 고집하는 한, 앞으로도 계속 앞이 보이지 않는 불안

| 설계도가 없는 영업 |

👉 너무 장벽이 높아서 고객은 문조차 열어주지 않는다.

한 삶을 살게 된다.

설계도를 한번 바꿔보자. 그러면 당신은 완전히 다른 새로운 삶을 살 수 있다.

제1스텝 : 거래 담당자가 손을 들게 하려고 무료 리포트를 제공한다.

(예 : "대형 할인마트의 대표가 알지 못했던 주차장 문제! 이 5가지 클레임이 고객을 라이벌 마트에 뺏기게 합니다.")

제2스텝 : 낮은 가격으로 서비스를 제공한다. 담당자에게 있어서 장벽이 낮은 상품으로 거래를 시작한다.

(예 : 주차장 관리대행 서비스, 성과 보수의 경비 삭감 컨설팅 등)

제3스텝 : 주차장 관리 시스템을 제안한다.

포인트는 자연스럽게 단계를 밟아나가며 상품 제안을 하는 것이다. 이런 방식으로 진행하게 되면 상대방이 말을 걸기 쉬운 분위기가 된다. 그러면 이쪽에서 일방적으로 부탁하는 경우에 비해 협상 상대와 입장이 동등해진다. 그 입장 차이는 당연히 최종 가격에 영향을 미친다.

게다가 이렇게 차근차근 단계를 밟으면 예측할 수 있는 영업을 할 수 있다. 예를 들면, 제1스텝에서 말한 리포트를 청구한 회사가 100개 사

| 설계도가 있는 영업 |

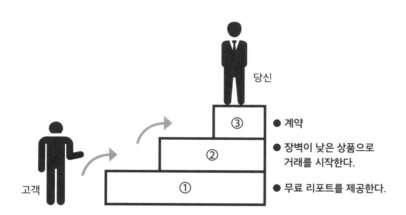

당신

③ ● 계약

② ● 장벽이 낮은 상품으로
거래를 시작한다.

① ● 무료 리포트를 제공한다.

고객

☞ 장벽이 낮고 적절한 오퍼로 고객이 스스로 계단을 오른다.

라고 해보자. 그럼 그 20%가 3개월 이내에 제2스텝을 진행한다. 게다가 그 25%가 6개월 이내에 제3스텝으로 들어선다고 할 수 있다. 즉, 시계처럼 정확하게 매출이 오른다(거짓말 같은 이야기지만 정말이다).

이것은 법인용 영업의 경우다. 물론 소비자 영업에서도 설계도를 바꾸면 효율 면에서 큰 차이가 발생한다.

예를 들어, 신문 광고를 활용해서 화장품을 판매하는 경우, 2가지 패턴을 생각할 수 있다.

첫 번째 패턴은 '이런 좋은 화장품을 무려 1만 엔에! 주문은 지금 당장!'이라고 쓰는 판매 방법이다. 즉 제1스텝에서의 판매 방법이다.

이것을 단계 영업으로 바꾸게 되면 설계도는 다음과 같다.

제1스텝 : 광고를 통한 무료 샘플 제공
제2스텝 : 샘플 청구자를 대상으로 할인 가격으로 물건을 제공
제3스텝 : 이익률이 높은 상품의 제안(단골 손님용 판매)

앞의 패턴은 '이 상품은 훌륭하다, 좋다'라고 호소해 사게 만들도록 하는 것이다. 그에 비해 뒤의 패턴은 어쨌든 무료로 주는 것에 주력한다. 그리고 손을 들어준 사람에게 그 단계마다 적절한 제안을 제시한다.

이 2가지 패턴을 비교해보면, 어느 정도의 효율 차이가 있을까?

어떤 화장품 회사의 예를 들어보면 같은 신문, 같은 면에 광고했을 때, 전자의 제1스텝 광고를 한 경우, 판매량은 고작 3건이었다. 반면, 후자의 제2스텝 광고를 한 경우에는 무료 60건의 반응이 있었고, 그중 2할이 계약으로 이어졌다. 4배의 매출 차이가 발생한 것이다.

광고 표현의 차이로 반응이 크게 달라진 것도 사실이지만, 애초에 그 전제가 되는 영업 설계도가 잘못되었다면 안 된다. 그 경우, 예상고객이 모이지 않거나, 모여도 계약으로 이어지지 않는 등의 문제가 발생하게 된다. 반대로, 영업 설계도가 고객의 감정과 잘 맞아떨어지면 영업 효율이 올라가는 것뿐만 아니라 예측할 수 있는 시스템 구축이 가능해진다.

포인트 5
needs(필요)와 want(욕구) 분석을 해서 고객의 시점에서 매력적으로 보이는 상품의 위치를 생각한다

감정 마케팅이란, 간단히 말해서 지금까지 자기 위주였던 마케팅을 고객 위주로 바꿔보는 것이다. 즉, 고객 시점에서 판매 방법을 생각했으면 하는 것이다.

'뭐야…. 고객 시점으로 생각하는 것은 너무 낡은 방법 아니야? 어떤 책을 봐도 '고객 시점에서 생각하라'라는 문장은 다 나올걸'이라고 생각하는 사람이 있을 것이다.

맞다. 모두가 알고 있는 그것이다. 알고 있지만, 하지 못하고 있는 것이다. 왜 하지 못하냐면, 생각하는 구조가 없기 때문이다.

그럼, 어떤 구조로 고객 시점을 생각해야 할까?
그 한 가지 방법이 needs-want 분석법이다.

needs-want 분석법이란 무엇일까? 한마디로 말하면, 고객이 사기를 원한다면 고객의 needs(필요성)뿐만 아니라, want(욕구)를 만족시키지 못하면 안 된다는 것이다.

당신은 친구와 이런 대화를 나누어본 적은 없는가?

당신 : "이 상품 어때?"

친구 : "음···. 필요하다고 생각하는데."

그러나 현실에서는 needs(필요성)가 있다고 해서 다 잘 팔리는 것은 아니다. 실제로 판별하지 않으면 안 되는 것은 그저 단순한 needs(필요성)가 아니라 절박한 필요성이다.

예를 들어, 당신이 사과를 판다고 하자. 지나가던 사람에게 "사과 맛있어요"라고 말하면 어떨까? 필요성은 있지만 바로 팔리지는 않을 것이다. 왜냐하면 다급하지 않기 때문이다.

반면, 배가 전복되어 간신히 섬에 표착(漂着)한 사람에게는 사과가 다급하게 필요할 것이다. 이런 상황에서는 비싸게 팔릴 것이다.

하지만 실제 생활에서 배가 전복되어 배고픈 사람을 찾기는 어렵다. 그래서 이번에는 want(욕구)로 시선을 옮겨보자.

대부분의 경우, 사람들의 사과에 대한 욕구는 낮다. 사과는 어디에나 있기 때문이다. 그래서 단순한 욕구로는 안 된다. 억누를 수 없는 욕구를 일으키지 않으면 팔리지 않는다.

'억누를 수 없는 욕구란 게 뭐야? 사과에 대해 억누를 수 없는 욕구

같은 게 일어날 리가 없잖아?'라고 생각할 수도 있다. 하지만 다음 문장을 읽어주길 바란다.

> "환상의 사과~ 이 사과는 보통 사과가 아니에요. 일본 사과 품평회에서 3년 연속 최우수상을 받은 ○○농원. 그 농원에서 특A 클래스와 생산자가 직접 엄선한 상품입니다. 원래 고급 호텔이나 레스토랑에만 도매로 판매되고, 예약만으로 매진되는 사과인데, 이번에 우리 회사의 단골손님만 100개를 특별히 나누어 드리게 되었습니다. 가격이 비싸지 않을까 걱정되실 수 있습니다. 물론, 일반 사과보다는 조금 비싸기는 하지만 충분히 그 가치가 있습니다. 먹고 맛이 없으면 제 신용과 관계가 있으니 대금을 받지 않겠습니다. 지금 당장, 환상의 사과 맛을 보세요!"

이 사과가 눈앞에 있다면, 당신이라면 어떻게 하겠는가?

이처럼 단순히 needs(필요성), 단순히 want(욕구)가 아니라 다급한 필요성, 억누를 수 없는 욕구가 일어나는 상황을 생각함으로써 반응률을 높일 수 있다.

중요한 것은, needs(필요성)나 want(욕구)는 바꿀 수 없는 게 아니라는 것이다. 방법을 조금 바꿈으로써, 결과가 전혀 달라질 수 있다. 사과 이야기는 67페이지의 자료를 통해 설명할 수 있다.

이처럼 needs-want 분석 차트를 통해 고객의 머릿속이 드러난다. 다시 말해, 상품이나 그 상품을 판매하기 위한 메시지가 고객 입장에서 볼 때, 매력적인지 아닌지를 명확히 할 수 있게 된다.

보통은 누구나 이렇게 생각한다.

'나 이거 팔릴 것 같은데…. 이런 방법이라면 무조건 팔릴 거야' 이렇게 지극히 주관적인 판단을 한다. 그러면 이기적인 해석의 강요 영업을 하게 되는 것이다.

'고객 시점에서 생각하라'라고 하면 안 된다. 현실적으로 대부분 사람은 고객 시점에서 생각할 수 없다.

needs-want 분석 차트 중 당신의 상품은 어디에 있는가? 이렇게 객관적으로 평가해보자. 그리고 최대한 오른쪽 상단에 위치하게끔 노력해보자. 그러면 고객 시점에서 상품이 매력적으로 보이기 시작한다.

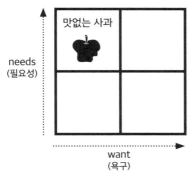

● 일반적인 대중에게 있어서 보통의 사과
는 needs도 want도 없다. 그러므로 반
응을 얻을 수 없다.

배가 고픈 대중으로 특정한 경우

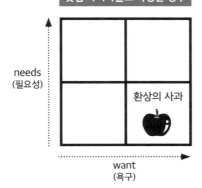

● 배가 고픈 대중에게 사과는 다급한 필요
성이 있다. 그러므로 맛없는 사과라도 반
응을 얻을 수 있다.

맛집 마니아들로 특정한 경우

● 맛집 마니아에게 있어 맛있으면서 한정
인 사과는 참을 수 없는 욕구를 불러일으
킨다.

문제 >>>
이미지 광고의 장점으로 올바른 것에
○를 하세요(복수 가능)

I. 매출이 올라 투자 대비 비용 효과에 걸맞은 효과를 기대할 수 있다. (   )

2. 몇억 원이나 투자한 경우, 상품의 인지도가 올라갈 수 있다. 하지만 그전에
   광고 대행사가 대박을 터뜨린다. (   )

3. 복리후생제도의 일환으로 사원의 허영심을 충족시킬 수 있다. (   )

4. 애인을 모델로 할 수 있어 애인에게 절대적인 평가를 받을 수 있다. (   )

5. 개집의 요로 이용할 수 있다. (   )

☞ 답은 … 당신의 상상에 맡기겠습니다.

PART

3

정직한 사람이 빠지기 쉬운
비즈니스 상식의 4가지 덫

왜 나는
적을 만들게 되는가?

당신 : "간다 마사노리 씨, 굉장히 신랄하시네요. 전작도 물론 그렇지만, 광고 대행사나 경영 컨설턴트를 굉장히 격렬하게 비판하고 있죠?"

나 : "아니에요, 저는 그럴 생각이 전혀 없습니다. 실제로 저는 '예전에 유명 광고 대행사에서 근무했는데, 똑같은 의견이에요'라는 격려의 목소리를 듣기도 했습니다. 반면, 어떤 경영 컨설턴트에게는 '컨설턴트 회사에 있어서는 안 되는 전형적인 타입'이라는 평을 듣기도 했습니다."

당신 : "그런데 왜 일부러 적을 만드세요? 저는 간다 마사노리 씨를 알기 때문에 온화한 사람이라고 생각하지만, 모르는 사람에게는 오해받을 것으로 생각합니다."

나 : "걱정해줘서 감사합니다. 하지만 알고 있었군요. 제가 의식적으로 적을 만들고 있다는 것을. 그 이유는 2가지입니다. 먼저 첫 번

째는 가상의 적을 만드는 것으로 독자와의 공감을 얻기 쉬워지기 때문입니다."

당신 : "그렇군요. 그렇게 일부러 감정을 흔드는 것이군요. 감정을 흔들면 행동을 일으키기 쉬워진다는 것이 간다 마사노리 씨의 이론이었으니까요."

나 : "딱히 나만의 이론이 아니라, 그것은 예전부터 쭉 있었던 이론입니다. 저는 그저 그것을 실천하고 있을 뿐입니다."

당신 : "그런데 왜 공감을 얻으려고 하나요?"

나 : "왜냐하면 그렇게 해야 연대의식이 생깁니다. 그리고 입소문이 퍼지기 쉬워지죠."

당신 : "하지만 적을 설정함으로써 품위를 의심받지 않을까요?"

나 : "그것은 맞습니다. 라이벌 회사를 적으로 만든다면, 그 경우 그저 단순히 싫은 사람이 될 수 있습니다. 그래서 어떤 경우에는 미움받는 대상을 가상의 적으로 설정합니다. 예를 들면, 정부나 은행 같은 것으로 말이죠. 물론 환경 파괴를 적으로 상정할 수도 있습니다."

당신 : "그러고 보니 한 정치인이 은행을 적으로 돌림으로써 지지율을 높였지요. 이 경우도 투표자의 공감대를 얻기 위해 굳이 적을 만든 것인가요?"

나 : "그런 해석도 충분히 가능합니다."

당신 : "아, 일부러 적을 만드는 이유에는 2가지 있다고 하셨죠? 그 두 번째는 무엇인가요?"

나 : "그것은 상식을 의심하길 바라기 때문입니다."

당신 : "상식이란, 비즈니스를 하는 데 있어서의 상식인가요?"

나 : "맞아요. 비즈니스에서는 상식이라고 생각하는 것에 너무 거짓말이 많아요. 왜냐하면 상식을 숨겨 돈을 버는 사람이 있으니까요. 그 상식을 그대로 받아들이다 보면 참혹한 일을 당하는 사람도 많아요. 사실 저 자신이 그 비참한 일을 당한 적이 있기에 같은 실수를 하는 사람을 볼 때마다 참을 수가 없어요. 누군가가 소리 높여 "이것은 함정이야!"라고 전해야 한다고 생각하게 돼요."

당신 : "비즈니스 상식에는 어떤 거짓말이 있나요?"

나 : "알고 싶나요? 그럼 모두가 믿고 있는 비즈니스 상식의 4가지 거짓말을 소개하겠습니다."

"입소문만으로 굉장히
잘 팔리고 있어요"

어떤 비누 판매 대리점에서 걸려 온 전화를 받았다.

"획기적인 상품입니다. 입소문만으로 굉장히 잘 팔리고 있습니다. 본
사는 월 1억 엔의 수익을 올리고 있습니다."

'우아, 요즘 같은 시대에 월매출 1억 엔이라니…. 대단하다'라고 생각
했다.

상품 설명을 들어보니 정말 좋은 비누 같았다. 그 후 나는 이 대리점
으로부터 다음 상담을 받았다.

"간다 마사노리 씨, 이 상품을 어떻게 광고 홍보하면 좋을까요?"

자, 여기에서 질문이다.

당신이라면, 이 비누를 효율적으로 판매하기 위해서 어떤 광고 홍보를 하겠는가?

신문? 잡지? 혹은 전단?

3가지 다 틀렸다. 정답은 '아무것도 하지 않는다'이다.

"아무것도 하지 않는다니 대체 무슨 뜻이야? 제대로 설명 좀 해봐!"라고 화를 내실 분들도 있을 것 같다. 하지만 나는 진심이다.

입소문으로 잘 팔리고 있는 것이 만약 정말이라면, 판매하는 것은 굉장히 쉬운 일이다.

그냥 친구한테 무료로 나누어주기만 하면 된다. 그러면 기하급수적으로 불어나 10명, 20명의 고객을 데려올 것이다. 입소문만으로 폭발적으로 팔리니 말이다.

하지만 무료로 나누어준다고 해서 고객은 늘지 않는다. 이것이 현실이다. 본사는 명백하게 거짓말을 한 것이다.

나　　: "대리점 가맹료는 얼마였나요?"

대리점 : "아니, 가맹료는 없어요. 상품 구입만 하면 돼요."

나　　: "상품 구입은 어느 정도 했나요?"

대리점 : "약 3만 엔 정도입니다."

바로 이 부분이다! 이것이 본사의 이익 구조다. 이런 방식의 화장품 회사 매출 이익은 대체로 90%를 넘는다. 원가가 90%가 아니다. 매출 이익이 90%다.

'입소문을 타고 있다', '이미 월 매출이 3억 엔이다' 이처럼 판매가 쉽다고 생각하게 한 후, 대리점에 상품을 사게 한다. 그렇게 대리점은 재고를 매입했지만, 어떻게 판매해야 할지 모르는 것이다. 그렇게 판매하려고 하면 거의 팔리지 않는 현실에 직면하게 된다.

그저 '상품은 좋은데…'라고 하며 어찌할 바를 모르는 것이다.

입소문만으로 팔리는 상품,
팔리지 않는 상품

"입소문만으로 잘 나가요"라고 하면 나는 의심부터 한다. 왜냐하면 이것은 대부분 홍보 문구이기 때문이다. 먼저 의심해본 후, 어떤 기준에 비춰서 살펴보고 입소문이 나는 상품인지, 아닌지를 판단해야 한다.

입소문만으로 팔리는 상품인지, 아닌지를 판단하는 기준이란? 그것은 간단하다. '일상, 화제로 삼고 싶은 상품인지 아닌지'이다.

예를 들면, 레스토랑을 한번 보자. 맛있는 레스토랑에 가게 되면 다음에는 친구와 함께 가고 싶어질 것이다. 즉, 레스토랑은 기억에 남아 이야기하고 싶게 만들려고 노력하면 입소문이 나기 쉽다.

레스토랑 외에 식품, 여행, 패션, 영화, 즉 레저, 엔터테인먼트업계도 마찬가지다. 이런 부문들은 일상에서 화제로 만들기 쉬우므로 입소문이 난다.

또한 의사, 세무사, 변호사처럼 업계 광고 규제가 있어 어디에서 좋은 서비스를 받을 수 있는지 모르는 경우처럼 정보를 구하기 어려운 상품을 구매할 때도 입소문이 설득력 있다.

반대로, 입소문이 잘 나지 않는 것은 어떤 상품일까? 화제로 삼고 싶지 않을 것 같은 상품이다. 예를 들면, 화장실 용품이나 묘석(墓石) 등과 같은 것이다. 왜냐하면 보통 일상적인 대화에서 화장실 밀대나 묘석 이야기는 잘 안 하지 않는가. 이래서야 입소문이 날 리가 없다. 입소문이 난다고 해도 반응 속도가 굉장히 천천히 이루어질 것이다.

비누 역시 마찬가지다. 물론 여성들은 화장품에 관해 이야기를 나눈다. 하지만 친구나 가족과 비누 이야기가 하고 싶어서 견딜 수 없는 사람은 그렇게 많지 않을 것이다. 그러므로 '폭발적인 입소문을 타고 비누가 잘 팔리고 있다'라는 말은 아무리 생각해도 이상하다.

요즘은 입소문의 시대라고 불린다. 상품 정보가 넘쳐나 구매 선택의 기준이 모호해졌기에 입소문이 더욱 중요하게 여겨지고 있다. 하지만 입소문만으로 정말 잘 팔릴 수 있을까?

그것이 단순히 본사의 매출을 올리기 위한 홍보 문구인지 아닌지 판

단할 수 없으면, 비즈니스에서 손해를 보게 될 염려가 있으니 주의할 필
요가 있다.

"그것이 우리 집의
노하우입니다"

"프랜차이즈 매장을 하고 있는데, 전단을 나누어줘도 반응이 거의 없어요. 왜 그럴까요?"

이런 상담을 자주 받게 된다.

원래대로라면 비싼 가맹료를 냈으니 프랜차이즈 본부에 물어보면 된다. 하지만 나에게 전화를 한 것이다. 왜일까?

프랜차이즈 가맹이 매우 많아졌다. 그것은 직장인에서 벗어나 독립하고자 하는 사람들이 많아졌기 때문이다. 퇴직금을 받아 제2의 인생을 내딛으려고 하는 것이다. 직장인에서 벗어나 독립해서 자신의 가게를 개업하려고 할 때 프랜차이즈는 가장 빠르고 편한 방법이다.

바로 각종 프랜차이즈 자료를 가져와서 살펴본 후, 설명회에 참가해 자세한 이야기를 들어본다. '음, 이 정도 리스크라면 어떻게든 해낼 수 있을 것 같다'라고 판단하고 가맹을 결심한다. 그런데 막상 개업해보니 이익이 안 난다.

이익이 나지 않는 이유를 나중에서야 깨닫게 된다. 우선, 본사의 초기 비용 산정이 허술하다. 여기에 본사가 준비해준 전단을 뿌려도 손님이 몰리지 않는다.

사실, 대부분의 프랜차이즈 노하우는 운영 노하우다. 예를 들면, 햄버거는 이렇게 만든다. 주방 기계는 여기서 들여온다. 아르바이트는 이렇게 고용한다. 아르바이트 연수는 이렇게 진행된다 등이다. 본사는 그 프랜차이즈에 식자재를 도매하는 제조회사가 되어 있는 경우도 있다.

물론, 이런 운영 노하우도 필요하다. 하지만 아무리 상품이 훌륭하거나 아무리 운영을 수월하게 할 수 있다고 해도 손님이 오지 않으면 의미가 없다.

본사가 만든 전단으로는 손님이 모이지 않는 이유는 왜일까? 본사가 만드는 전단은 대부분 지역을 불문하고 전국적으로 동일하기 때문이다. 모든 가맹점이 이름만 바꾸면 사용할 수 있게 되어 있다.

일반적으로 생각하면 전국적으로 다 같은 내용의 전단은 장점이 있어 보인다. 왜냐하면 대량 발주로 전단 가격이 낮아지기 때문이다. 또한, 유명 배우를 모델로 한 4도 컬러의 전단이기에 반응률이 높을 것이라고 전단에 대한 기대치가 올라가는 것 같다.

하지만 데이터를 측정해보면, 4도 컬러라고 해서 반응률이 올라가는 것은 아니다. 상품에 따라서는 저가 이미지가 나오기도 하기에 재생지에 1도로 만든 전단이 반응이 좋을 수도 있다. 또한, 유명 배우를 모델로 한다고 해서 반응률이 올라간다고도 할 수 없다. 이미지 광고가 표현하고자 하는 바가 흐려질 위험성이 있다.

이처럼 집객 노하우를 가진 프랜차이즈를 찾기가 굉장히 어려운 것이 현실이다. 물론 훌륭한 컴퓨터 시스템이나 사업 운영 노하우를 가지고 있고, 업계 전문 컨설턴트 정도의 수준 높은 실력이 있는 양심적인 프랜차이즈도 있을 것이다. 하지만 역시 대부분 비즈니스와 마찬가지로 '진짜'는 대체로 극히 적다.

그러니 제2의 인생을 시작하려는 사람은 엄격하게 판단하기를 바란다. 특히 "그것이 우리의 노하우입니다"라고 할 경우를 주의하자. 그 노하우가 집객 노하우인지, 아닌지를 판별하려면 집객 데이터가 축적되어 있는지, 아닌지가 기준이 된다.

어떤 전단을 언제, 어디서 나누어주면 몇 %의 반응률을 얻을 수 있을지, 그 후 몇 %의 계약이나 구매로 이어질 수 있는지 등의 데이터를 명확히 하는 본사는 합격이다. 단순히 운영 노하우를 제공하는 것뿐이 아니라 안정적인 현금 흐름을 낳는 구조를 제공해나가려는 자세를 볼 수 있다.

반대로 상품이나 회사의 훌륭함만을 강조하는 회사는 의심해봐야 한다. 집객 노하우는 가지고 있지 않을 가능성이 크다. 그럴 경우, 굳이 가맹금을 내고 그 프랜차이즈에 들어갈 필요가 없다.

"저 프랜차이즈에 가입했는데요. 전단을 나누어줘도 반응이 거의 없어요. 왜 그럴까요?"

"앞으로 유망한
자격증입니다"

일본에서 전문학교는 수능 전에 모의고사를 치른다. 이 시험을 학교 직원들이 뭐라고 부르는지 아는가?

'조기 울타리 시험'이다.

즉, 중요한 예상고객을 다른 학교에 빼앗기지 않도록 하기 위한 시험이다. 이렇게 자격이라는 것은 양면성이 있다. 겉모습은 능력을 인정하고, 취업을 유리하게 한다고 하지만, 그 이면에는 지극히 수익률이 좋은 비즈니스적인 측면이 있다.

물론 공부를 하는 것은 굉장히 중요하다. 하지만 자격증을 땄다고 해서 반드시 장밋빛 인생이 기다리고 있는 것은 아니다.

나는 과거에 자격증을 따는 것을 좋아했기에 필요 없는 석사 학위를

2개나 가지고 있다. 그중 하나가 미국의 MBA(경영학 석사)다. MBA는 미국에서는 비즈니스에서 성공하기 위해서는 꼭 필요하다고 알려진 자격이다. 비즈니스 10년분의 경험과 지식을 2년 만에 얻을 수 있다고 한다.

그런데 그만큼 훌륭한 자격증이면, 큰 도움이 될 거라고 생각되지만 반드시 그렇지도 않다. 실제로 당시 함께 유학했던 동기들 상당수가 일본 회사에서는 도움이 안 된다며 골프만 치고 다녔다. 이것이 현실이다.

내가 자격증 따는 것을 좋아했던 이유는 좀 더 안정적인 고소득의 삶을 살 수 있다는 환상을 좇았기 때문인 것 같다.

'자격증을 가지고 있으면 취직할 때 곤란하지 않을 것이다', '남보다 출세할 것이다'라는 환상이다. 하지만 많은 자격증을 따놓고 나서야 깨달았다.

많은 자격증을 딴다고 해서 안정적인 고소득의 삶을 살 수 있냐고 한다면 그렇지 않다. 더구나 MBA 같은 자격증을 가지고 있으면 급여가 높은 만큼 정리해고의 대상이 되기 쉽다. 자격증만으로는 인생에 대한 불안감이 아예 사라질 수 없다.

물론 공부를 하는 것은 매우 좋은 일이다. 하지만 내 경험상 조언하지만, 자격만 있다고 해서 장밋빛 인생이 되지는 않는다.

'앞으로 유명한 자격증입니다'라고 하고 말하는 사람은 그것이 직업이다. 그래서 '이 자격증만 따놓으면 괜찮습니다'라고 말하는 것이다. 하지만 그런 사람들의 말을 고스란히 믿으면 안 된다. 스스로 자신의 인생 설계를 생각했으면 좋겠다. 그리고 자신에게 되물었으면 한다. 정말로 그 자격증이 필요한지를.

내가 막 회사에서 독립했을 무렵에 만난 사장님 중에서 야마가타현에서 절임 가게를 하시는 분이 계셨다. 그 절임 가게 사장님은 연 매출 2,000만 엔 이상을 올리고 계셨다. 연 매출 2,000만 엔이라고 해도 그 이상은 벌어도 의미가 없기에 2,000만 엔까지만 하는 것이라고 한다.

이런 그가 어떤 생활을 할지 궁금할 것이다. 그는 우선 검소하지만 훌륭한 집에 살고 있다. 양복 같은 것은 입지 않고 작업복을 입으며 자유로운 생활을 하고 있다. 그는 농가를 육성하고 있으며 존경받고 있다. "당신 덕분에 야마가타현이 발전하고 있다"라며 지자체로부터의 신망도 두텁다.

그의 모습을 지켜보면서 내 인생관이 와르르 무너졌다. '대기업에서 출세 코스를 달린다'라고 하는 선택지가 사실은 굉장히 불편한 인생이 아닐까 생각하게 되었다. 요즘은 대기업의 이사라고 해도 2,000만 엔을 받지 못하는 사람도 많을 것이다. 게다가 자유롭게 시간을 쓸 수 있는 직장인이 어느 정도나 될까?

일본의 회사를 생각해보면, 법인의 90% 이상은 30명 이하의 사업체다. 대부분 영세기업인 셈이다. 대기업은 예외 중의 예외다. 이런 현실인데도 언론이 수도권에 몰려 있으니 대기업만 조명한다. 그러니 다들 착각하게 되는 것이다.

"상장을 염두에 두고
있습니다"

한 벤처기업에 다니는 사람과 술을 마시며 함께 이야기한 적이 있다. "요즘 젊은 사람들은 꿈이 작아. 사람은 큰 꿈을 가져야 해"라고 말하기에, 어떤 꿈이냐고 물었다. 그는 "문에서 현관까지 차로 15분 정도 걸리는 큰 집에 살고 싶다"라고 말했다.

이 사람은 언론의 벤처 열풍에 놀아나고 있다고 생각했다. 꿈을 가지는 것은 좋다. 상장해서 200억 엔, 300억 엔의 자산을 가지는 것도 좋다. 그렇게 많은 재산을 모아서 무엇을 하고 싶냐고 했을 때, '문에서 현관까지 차로 15분 정도 걸리는 큰 집에 살고 싶다'라는 것은 조금 슬프다.

한번 생각해보자. 그런 집을 가지고 있어서 뭘 할까? 매일 현관까지 15분이나 걸리면 귀찮지 않을까. 집이 넓으면 유지 보수도 힘들 것이다.

현관까지 15분 걸리는 집에 살고 싶다면 사실 간단한 방법이 있다. 필리핀이나 아프리카에 가서 살면 된다. 필리핀에는 일본에서는 상상할 수 없을 정도의 초호화 집이 가득하다. 매일 밤 집에서 댄스 파티를 연다. 나는 예전에 일로 나이지리아에 거주한 적이 있는데, 거기서 한달에 3,000엔으로 가사도우미를 고용할 수 있었다.

상장해서 200억 엔, 300억 엔의 자산을 쌓는 것을 재패니즈 드림(Japanese dream)이라고 해서 언론은 부추기지만, 그렇게 재산을 모은들 다 쓸 수도 없다.

빌 게이츠(Bill Gates)의 말처럼, 돈을 버는 것보다 돈을 현명하게 쓰는 것이 더 어렵다. 돈의 사용법이 서투른 사람이 부자가 되는 것은 재패니즈 드림이라기보다 재패니즈 나이트메어(Japanese nightmare). **일본의 악몽**이다.

돈이 없으니까
노력할 수 있다

돌을 던지면 상장 계획 중인 사람이 맞을 정도로 상장을 하겠다는 사람이 많은 세상이다. '몇 년 안에 상장하는 것이 목표입니다'라고 하는 기업이 많아지고 있다. 그중에는 진짜 벤처기업도 있겠지만, 가짜 벤처기업도 있다. 계획만 있으면 누구라도 가능하기 때문이다.

그럼, 진짜인지, 가짜인지 어떻게 하면 구분할 수 있을까?
'상장을 염두에 두고 있습니다'라고 말한다면, 이는 자금을 모으기 위한 목적을 가진 경우다. 이것은 위험신호. 왜냐하면 자금이 없으면 성공할 수 없다는 발상 자체에 근본적인 잘못이 있기 때문이다.

기업을 일으키는 데 자금은 필요 없다. 물론 자금이 없다면 힘들다. 하지만 성공하는 사람은 주어진 것에서 어떻게 해야 할지를 궁리한다. 예를 들면, 자금이 10만 엔밖에 없다고 하자. 그러면 그 10만 엔을 100

만 엔으로 만든다. 이것이 진짜 기업가다.

10만 엔을 100만 엔으로 만들 수 없는 사람은 10억 엔을 100억 엔으로 만들 수 없다. 10억 엔을 모아서 그것을 뜯어먹는 사람이다. 이런 사람은 가짜다. 이런 가짜일수록 허풍을 떨어 자금을 모으려고 한다.

요즘 세상은 사업으로 성공하기 위해 반드시 자금이 필요한 것은 아니다. 컴퓨터는 무료로 사용할 수 있는 곳이 여러 군데 있고, 컴퓨터와 전화기만 있으면 사무실은 필요가 없다. 자택에서 일을 할 수 있다. 직원은 파견회사에서 바로 구할 수 있다. 무언가를 만들기 위해 초기 투자가 많은 경우라면 몰라도 그 밖의 사업이라면 도대체 어떤 것에 그렇게 많은 돈이 필요한지 궁금하다.

나도 처음 독립했을 때는 컴퓨터와 전화기뿐이었다. 집의 창고를 사무실로 활용했다. 책상 앞에는 아내의 옷장이 죽 놓여 있었다. 하지만 그 무렵부터 〈일본경제신문〉 1면에 '내가 쓴 책을 1,500엔에 팝니다'라고 광고를 냈다. 그러자 집 겸 사무실까지 찾아와 책을 사주는 손님이 있었다.

그 손님은 '자택에서 일하는 컨설턴트라서 신뢰가 안 가네'라고 생각했을까? 전혀 그렇지 않다. 반대로 '간접비를 들이지 않는 실력 있는 컨설턴트'라고 생각해 호감을 느끼게 된다.

즉, 단점은 본인이 자신감을 가짐으로써 오히려 장점이 될 수도 있다. 물론 학원이나 에스테틱 등과 같이 물리적 장소를 확보하지 않으면 안되는 곳도 있다. 하지만 출장 에스테틱 살롱이라면 생각해볼 수 있지 않은가. 시험 대책을 짜주는 학원으로 좁힌다면 전화와 팩스만으로도 학원도 생각해볼 수 있다. 전문화하는 것이 사업 리스크가 적을 것이다.

"아, 그런데 간다 마사노리 씨, 저희 같은 경우는 컴퓨터 프로그램을 만드는 데 개발 자금이 필요한데 어떻게 해야 할까요?"

그러면 그 개발 계획을 이야기하고, 고객에게 모니터 참여를 부탁하면 된다. 모니터해주는 혜택으로 개발한 시스템을 저렴하게 제공하는 것이다. 게다가 성과 보증까지 포함한다. 그리고 그 상품이 나중에 타사에 팔렸을 경우, 매출 커미션의 일부를 환원한다.

예를 들어, 그 상품이 100만 엔이었다고 하자. 그러면 매출 커미션의 환원으로 실질적으로 100만 엔이 무료가 되는 제안을 하는 것이다. 이렇게 하면 빠르게 고객을 유치할 수 있다. 즉, 투자자를 모으기 위해 노력을 하는 것보다 고객을 유치하는 노력을 하는 것이 좋다. 그리고 그것이 성공의 지름길이다.

이처럼, 자금이 없는 편이 손님을 늘릴 궁리를 할 수 있다. 그것이 중요한 것은 당연할 것이다. 하지만 많은 회사가 자금을 모으는 데만 에너지를 쓴다. 이해되지 않는다. 10만 엔을 100만 엔으로 만들 수 없는 사람은, 10억 엔을 100억 엔으로는 만들 수 없다. 그런 단순한 것을 잊고 있는 사람이 많다.

고객을 유치할 지식이 있다면,
밤에도 안심하고 잠들 수 있다

"입소문만으로 굉장히 잘 팔리고 있어요", "그것이 우리 집의 노하우입니다", "앞으로 유망한 자격증입니다", "상장을 염두에 두고 있습니다" 모두 일상에서 자주 듣는 표현이다.

그런데 나는 일단 의심부터 하게 된다. 거짓말처럼 느껴지기 때문이다. 이러한 표현을 알기 쉽게 해석하면 다음과 같다.

"입소문만으로 굉장히 잘 팔리고 있어요."
→ **"사실 너무 팔리지 않아요. 어떻게 팔면 좋을지 잘 모르겠어요."**

"앞으로 유망한 자격증입니다."
→ **"자격증 정도는 가지고 있는 게 좋지 않겠어요? 마음이 편해지거든요."**

"상장을 염두에 두고 있습니다."

→ "저 복권을 가지고 있어요. 당첨되기를…. 저한테 투자하지 않으시겠어요?"

"그것이 우리 집의 노하우입니다"

→ "일단 계약해주세요. 그런 후에는 당신 책임입니다."

　이처럼 내가 의심이 많아지는 것은 비즈니스에서 제일 중요한 것을 잊는 사람이 많기 때문이다.

　비즈니스에서 가장 중요한 것은 무엇일까? 그것은 고객을 유치하겠다는 것이다. 고객 유치라는 것 자체에 진지하게 임하지 않으면 안 된다. 그런데 고객이 자연스럽게 생긴다는 이론을 신봉하고 있는 회사가 많다.

　'좋은 상품이면 언젠가 돈을 벌 수 있을 것이다', '열심히 하면 언젠가 돈을 벌 수 있을 것이다' 이런 주문을 외우고 있다. 물론, 언젠가는 벌 수 있을지도 모른다. 하지만 돈을 벌 때까지가 정신적으로 힘들다.

| 비즈니스 대화의 속사정 |

자주 듣게 되는 표현	그 안에 담긴 뜻
"입소문만으로 굉장히 잘 팔리고 있어요"	"사실 너무 팔리지 않아요. 어떻게 팔면 좋을지 잘 모르겠어요."
"앞으로 유망한 자격증입니다."	"자격증 정도는 가지고 있는 게 좋지 않겠어요? 마음이 편해지거든요."
"상장을 염두에 두고 있습니다."	"저 복권을 가지고 있어요. 당첨되기를 …. 저한테 투자하지 않으시겠어요?"
"그것이 우리 집의 노하우입니다."	"일단 계약해주세요. 그런 후에는 당신 책임입니다."

얼마 전, 카이로프랙틱(chiropractic)을 하시는 분으로부터 전화가 왔다. 최근 일자리를 얻고 싶다며 침뜸이나 척추 지압 면허를 취득하려는 열기가 높아지고 있다고 한다. 전문학교에서 이러한 기술을 가르쳐준다. 그런데 그것으로 끝이다.

"당신에게는 가르칠 것이 더 이상 없어요. 이제 손님을 찾으세요."

그러나 대부분 사람은 여기서부터가 문제다. 처방센터를 열고 간판을 걸어도 손님이 오지 않는다. 그런 날이 며칠씩 계속된다. 그렇게 되면 괴로워진다. 손님이 모이지 않는 이유를 생각하기 시작하면 스스로 불안해진다. 그렇게 '내 기술이 좋지 않은 것은 아닐까?' 하고 자신감을 잃게 된다.

이때, 그들은 이렇게 생각한다.

'내 기술을 더 높여 더 나은 치료를 할 수 있게 된다면 손님은 반드시 모일 것이다.'

그 후, 학회에 가거나 연수받으며 기술을 더 높이려고 노력한다. 하지만 그런데도 모이지 않는다. 라이벌 센터를 보면서 신기해하게 된다.

'그는 기술이 좋지 않은데도 왜 이렇게 많은 사람이 방문하지?'

카이로프랙틱의 경우를 예로 들기는 했지만, 어느 업계든 마찬가지일 것이다. '상품을 개선하면 고객은 모일 것이다'라고 믿고 있다. 그러나 불안은 가시지 않는다.

실력이 좋은 것은 고객의 지지를 받기 위한 필요조건이다. 하지만 충분조건이 아니다.

비즈니스는 곱셈이라는 것을 알아야 한다.

신규고객 유치 = ① 우수한 상품과 서비스 × ② 예상고객을 모으기 위한 지식 × ③ 계약이 이루어지기 위한 지식

대부분의 학교에서 가르쳐주는 것은 ① 우수한 상품과 서비스뿐이다. 물론 경영 방법을 가르쳐주기도 한다. 하지만 그 경영이라고 하는 것은 경리의 간단한 설명 정도뿐이다. 다시 말해, 고객을 유치한 후의 수학적인 관리인 것이다.

다시 반복하지만, 비즈니스는 곱셈이다. 덧셈이라면 기술만 좋다면 그것으로 신규고객은 늘어날 것이다. 하지만 곱셈이기에 ①이 아무리 훌륭해도 고객을 모으기 위한 지식인 ②나 ③이 없다면 제로가 되어, 모든 것은 제로가 된다.

1×0은 0

100×0은 0

그런데, ②와 ③이 플러스 값이 되자마자

1×1은 1

100×100은 무려 1만!

그렇기에 혼자서 독립할 수 있는 회사와 언제나 경영이 어려운 회사, 이 2가지로 나뉘게 된다. 나는 돈을 버는 회사로 만들기 위해서만 고객을 유치하는 지식이 필요하다고 말하고 있는 것이 아니다. 금전적인 문제가 아니라 정신적인 문제다.

고객을 모으는 방법을 알면 불안이 사라진다. 극단적인 이야기로, 내일 지진이나 전쟁이 일어난다고 해도 살아나갈 자신이 있다. 불이 타고 있는 초원에서도 괜찮다. 고객을 유치하는 방법만 알면 상품은 뒤따라오기 때문이다. 손님을 모을 줄 알면 밤에도 안심하고 잠들 수 있다.

당신의 상품을 무리 없이 고객에게 제안하기 위해서는 어떤 스텝을 밟으면 좋을까요? 다음 공란에 적어주세요 (당신의 생각대로 답을 적어주세요).

(모든 단계를 사용할 필요는 없습니다!)

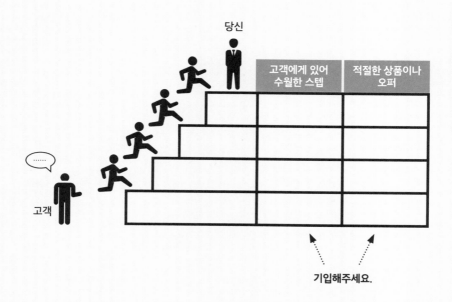

☞ 힌트 : 계단이 몇 개 있든지 상관없이 손님이 순조롭게 다음 단계까지 갈 수 있을지, 당신 회사의 상품을 확인해보세요.

PART

4

감정 마케팅
실천 편

누구나 반드시 하게 되는 5가지 실수
– 그래서 고객이 모이지 않는 것이다

당신 : "전작의 제목 말인데요,《당신의 회사가 90일 만에 돈을 벌게 된
다》라니, 너무 수상쩍다고 생각했어요."

나 : "아, 그것은 일부러 수상쩍은 제목을 붙인 거예요. 왜냐하면 반대
패턴을 생각해보세요. '감정 마케팅의 이론과 실전'이라는 제목
이었다면, 딱 알맞은 제목이지만, 하지만 절대 팔리지 않았을 것
입니다."

당신 : "그건 그래요. 그런 제목이었다면 절대 그 책을 손에 쥘 일은 없
을 거예요."

나 : "그렇죠? 손에 쥐게 하기 위해서는 '말도 안 돼'라고 생각할 정도
의 압도적인 장점을 내세워 깜짝 놀라게 해야 합니다."

당신 : "하지만 수상하면 사지 않게 되지 않을까요?"

나 : "물론 수상하기만 하면 안 됩니다. 하지만 압도적인 장점+증거가
있으면 괜찮습니다. 그 증거가 풍부하면 수상함이 진실성(리얼리티)

을 가져옵니다.”

당신 : “아, 그래서 실제로 실적을 낸 회사들을 많이 게재하는 거였군
요.”

나 : “맞아요.”

당신 : “하지만 실적을 낸 많은 회사가 게재되어 있지만, 실제로는 어떻
습니까? 정말 딱 90일이면 이익을 낼 수 있나요?”

나 : “물론 읽기만 하고 그저 바라기만 하면 이익은 낼 수 없죠. 게재
된 회사들은 ‘나 같으면 이것을 어떻게 응용할 수 있을까?’ 하고
나름대로 생각해서 행동해 성공한 것입니다. 역시 이마에 구슬땀
을 흘리지 않으면 안 됩니다.”

당신 : “아, 역시 그렇군요. 편하게 버는 방법은 없군요.”

나 : “맞아요. 지적으로 게으른 사람은 성공할 수 없어요.”

당신 : “이마에 구슬땀을 흘려야 한다고는 하지만, 실제로는 책에 쓰여
있는 것을 토대로 실적을 올리고 있는 회사도 많겠죠. 게다가 간
다 마사노리 씨가 개별적으로 지도를 해주시잖아요. 원래 비즈니
스 서적이라는 것은 이론 부분만 많고, 실천할 수 있고 게다가 그
결과가 나와 있는 책은 그다지 없는 것 같아요.”

나 : “실천한 회사가 잘될 확률은 비즈니스 서적치고는 꽤 높다고 생
각합니다. 그 이유를 아나요? 그것은 실천하고 싶어지게끔 쓰고
있기 때문입니다.”

당신 : “아! 그 부분도 일부러입니까! 아무래도 저는 조종당하고 있는

것 같습니다. 그런데 왜 실천하고 싶어질까요?"

나 : "대개의 비즈니스 서적은 저자가 '저는 똑똑해서 이렇게 어려운 것도 압니다. 이런 참신한 이론을 개발했습니다'라는 느낌의 책이 많습니다. 하지만 그럼 존경은 받을지 몰라도 실천하고 싶지 않아집니다."

당신 : "그것은 마치 이미지 광고와 같은 느낌이네요. '재미있네'라고 평가는 하지만 딱 그것뿐인 그런 것 말이죠."

나 : "맞아요. 결국 감정 마케팅은 사람을 행동하게 하는 데 의미가 있어요. 행동하게 하기 위해서는 '나 같은 바보라도 할 수 있었다. 그러니까 당신도 할 수 있을 것이다'라고 접근하는 것이 좋습니다."

당신 : "그러고 보니 학원 광고에서도 '이런 제가 도쿄대생이 되었습니다!'라는 문구가 있었어요."

나 : "네, 맞아요. 그것도 같은 발상입니다."

당신 : "전작이 나온 후에 실천한 분은 어떤 결과를 올렸나요?"

나 : "물론 결과를 보고할 수 있는 분도 있지만, 해보고 '생각한 대로 되지 않는다'라고 하는 분들도 있습니다. 그런데 결과가 나오지 않는 회사는 같은 실수를 하는 경우가 많습니다."

당신 : "그것은 어떤 실수입니까? 성공 예시뿐만이 아니라 실패 예시를 들어주시면 매우 큰 참고가 될 것 같습니다."

나 : "음, 자주 하게 되는 실수는 다음과 같은 5가지입니다."

갑자기 인생을
이야기하게 된다

"좋아! 그렇군! 나는 이 상품이 굉장히 마음에 들었어! 하지만 그 생각을 어떻게 표현해야 할지 몰랐지. 고객은 감정에 따라 구매를 결정한다는데 내 뜨거운 열정을 전할 걸 그랬어."

그렇게 뜨거운 열정이 담긴 다이렉트 메일이나 소책자를 보낸다. 그 안에 자신의 성장이나 인생 이야기까지 담는다.

예를 들면 이런 느낌이다.

안녕하세요! 처음으로 편지를 드립니다.

이번에 자녀분 탄생을 진심으로 축하드립니다. 가족분들의 기쁨이 얼마나 클지 눈에 보이는 것 같습니다. 사모님은 기쁜 한편, 굉장히 바쁜 나날을 보내고 계시리라 생각됩니다. 현재 인플루엔자가 기승을 부리고 있습니다. 몸조리 잘하시기를 바랍니다.

제 큰딸이 태어났을 때가 생각납니다. 태어난 순간 너무 기쁘고 좋아서 카메라를 사러 달려갔습니다. 아내가 모유를 먹이고 있는 순간 등을 찍기도 했습니다. 지금은 비디오 시대네요. 딸은 몸이 약해서 일주일에 열 번씩 병원을 간 적도 있습니다. 열이 내리지 않으면, 하루에 두 번이나 병원에 가기도 했습니다. 의사 선생님께 "두 분이 너무 걱정이 많으세요"라는 말을 듣기도 했습니다.

한 살이 되면 목욕 후에 찬물을 몸에 끼얹으면 좋다고 해서 그렇게 했더니 몸에 면역력이 생겼습니다. 지금은 딸도 시집을 가서 세 아이의 엄마가 되었습니다. 최근에는 아내와 앨범을 보면서 당시 이야기를 자주 하곤 합니다. 장모님이 사주신 히나님(히나 마츠리*에 장식하는 인형)은 딸이 시집갔을 때 주었습니다. 딸은 현재 28살이 되어 3명의 남자아이를 낳았습니다. 3월 3일의 히나 마츠리에는 자신의 히나님을 장식해 아이들과 축하하고 있습니다.

* 히나 마츠리 : 일본에서 매년 3월 3일에 여자아이의 행복을 기원하며 히나단(ひな壇)에 히나 인형을 장식하는 민속 축제입니다. - 편집자 주.

끝이 없을 것 같으니, 이 정도까지만 하겠다.

그런데 자신의 사생활에 관심이 있는 것은 유감스럽게도 자신과 자기 부인뿐이다. 아니, 부인도 관심이 거의 없을 테니 손님은 읽어도 전혀 재미가 없을 것이다. 그러므로 갑자기 자신의 인생에 관해 이야기한들, 그 시점에서 손님은 읽는 것을 멈출 뿐이다.

게다가 자신의 상품에 대한 애정을 말해봤자, 고객은 상품에 관심이 없다. 자신의 상품에 관심이 있는 것은 당신뿐이다. '내가 이렇게 이 상품에 관심이 많으니 고객들도 분명 그럴 것이다'라고 생각하게 되지만, 그것은 착각이다.

그럼 고객이 관심이 있는 것은 무엇일까? 그것은 고객 본인의 일이다. 고객은 자신에게만 관심이 있다. 그래서 '자기는 이렇다'라고 말하는 한 고객은 모이지 않는다. '고객님은 이렇군요'라고 하며, 항상 '고객'을 주어로 가져와야 한다.

그렇다면 앞으로는 '당신'을 주어로 가져올 수 있는 문장을 생각해보자. '당신'을 주어로 가져오는 토크를 해야 한다. '당신'이 주어가 되는 메시지를 전달했을 때, 고객은 처음으로 반응한다.

예를 들어, 앞에서와 같은 문장도 '당신'을 주어로 하면 다음과 같다.

오월 인형*은 어디에서 사나 똑같아!
저도 예전에는 그렇게 생각했습니다.
하지만 그 점원에게 배운 것은…

'아, 또 오월 인형 광고 다이렉트 메일이 왔네.'

오월 인형을 슬슬 골라야 할 때입니다. 하지만 다이렉트 메일을 볼 때마다 '어느 가게나 똑같아. 다른 것은 가격과 회사 이름뿐이야'라고 생각하게 됩니다.

그렇게 생각하는 것은 당신만이 아닙니다. 사실 10명 중 ○명의 사람이 인형은 어디나 다 같다고 생각합니다. 그 결과, 사고 나서 '○○ 하지 않으면 좋았을걸', '이래서야 마치 ○○잖아', '지금이라도 취소할 수는 없을까?' 하며 크게 후회하게 됩니다. 한편, '○○!', '매년, ○○○○!'라고 굉장히 만족하며 기뻐하는 가족도 있습니다.

인형을 사고 후회하는 사람과 인형을 사서 만족하는 사람.

그 운명의 갈림길은 굉장히 간단한 데 있습니다. 일단 들어보세요..

저는 ○○○○의 사장인 ○○○라고 합니다. 처음 뵙겠습니다.

쇼와 ○년 ○월. 장녀가 태어났을 때의 일입니다. 저는 너무 기뻐 회전목마 모빌을 사러 갔습니다. 고작 장난감 쇼핑이지만 한정된 예산 내에서 가능한 한 좋은 것을 딸에게 선물해주고 싶었기에 여러 매장을 둘러봤습니다. 한 완구점에서 들어가 회전목마 모빌을 보여달라고 부탁했습니다. 그러자 뜻밖의 대답이 돌아왔습니다.

<이하 생략>

* 오월 인형 : 오월 단오에 장식으로 쓰이는 무사 차림의 인형 - 편집자 주.

어떤가? 읽기 쉬워지지 않았는가?

연인에게 마음을 전할 때도 '나는'으로 시작하면 절대 전해지지 않는다. '너'를 주어로 가져와야 한다. 그래야 생각이 전달되기 쉬워진다.

교과서 같아서
이해하기 어렵다

마케팅의 가장 큰 죄는 무엇일까?

그것은 이해하기 어렵다는 것이다. 고객은 전문가가 아니다. 평소에는 당신의 상품을 생각할 일이 없다. 그래서 철저히 알기 쉽게 하지 않으면 관심조차 주지 않는다. '문장이 딱딱하다', '어려운 말이 많다', '전문용어가 많다', '문장이 길다', 이 4가지 모두 반응을 떨어뜨리는 원인이 된다.

나는 이런 문장을 '교과서 같다'라고 이야기한다. 교과서는 사실을 정확하게 전달하는 것이 목적이다. 하지만 마케팅은 사람을 행동하게 하는 것이 목적이다. 행동하게 하려면 교과서적인 메시지는 치명상이다. 행동하게 하려면 초등학생도 알 수 있는 말을 써야 한다.

그런데 머리가 좋은 사람은 사실을 정확하게 설명하려고 한다. 그러면 설명이 굉장히 딱딱해진다. 클레임이 있으면 안 되니 지장이 없을 만한 내용만 전달한다.

물론 내용에 거짓이 없어야 하는 것은 필요조건이다. 하지만 100% 정확한 사실만을 나열한다면 상대방의 감정을 움직일 수 없다.

그러면 어떤 메시지를 광고나 다이렉트 메일에 써야 할까? 이것은 톱 세일즈맨의 말을 듣는 것이 가장 빠르다. 우수한 세일즈맨이 손님 앞에서 하는 것은 교과서적인 상품 설명이 아니다. 그들은 먼저 손님의 공감을 얻는다. 톱 세일즈맨이 말하는 내용과 방식을 우리는 글로 표현하면 된다. 이런 방식은 굉장히 효과적이다.

왜냐하면 유사 체험이 생기기 때문이다. 고객을 눈앞에 두고 이야기하는 내용을 그대로 문장으로 전달함으로써 고객은 '영업사원과 만나고 있다', '당신과 이야기하고 있다'라고 하는 유사 체험을 하게 된다.

그러면 고객은 처음 영업사원과 만난다고 해도 원활하게 진행된다. 마음의 벽이 낮아진다. 왜냐하면 이미 한번 만난 것과 같은 느낌이 들기 때문이다.

'문장만으로 만난 것 같은 느낌이 들 리가 없잖아?'라고 생각하는 분들도 있을지 모른다. 하지만 이미 나를 알고 있는 것 같지 않은가? 당신과 내가 처음 만난다고 해도 원활하게 이야기할 수 있을 것 같지 않은가?

이게 유사 체험이다. 만나지 않았음에도 아는 사이인 것 같은 느낌이 드는 것이다.

보통의 영업사원은 이러한 유사 체험이 없이 갑자기 손님과 대면한다. 그러면 고객은 영업사원이 입을 여는 순간부터 구매 압박을 느끼게 되고, 가능한 한 빨리 영업사원을 벗어나고 싶어 한다.

물건을 살 때는 상대를 신뢰하지 않으면 사지 않는다. 원하는 상품이라고 해도 영업사원의 대응이 너무 나쁘면 사지 않고 돌아가지 않는가. 고객에게 보내는 메시지는 교과서적이지 않은 것이 중요하다. 친구에게 편지 쓰는 것처럼 써야 한다. 구어체로 쓰자. 그러면 손님은 친근감을 느끼게 된다.

잔재주만을
흉내 낸다

전작 《당신의 회사가 90일 만에 돈을 벌게 된다》에서 '신문 광고를 낼 때는 세로쓰기가 가로쓰기보다 반응이 좋았다'라는 이야기를 했다.

그러자 무조건 세로쓰기로 하면 반응이 좋아질 것이라고 단순하게 생각하는 사람이 나온다. 그러면서 해보고 반응이 나쁘면 "왜 그럴까요?"라고 묻는다. 하지만 나는 세로쓰기가 항상 반응이 좋다는 이야기를 한 것이 아니다.

신문은 기사를 읽기 위해서 사는 것이다. 광고를 보기 위해서 사는 것이 아니다. 그렇기에 휙 보고 광고라고 알아채는 순간 넘겨버린다. 그래서 세로쓰기로 해서 기사처럼 보이면 반응이 좋아질 가능성이 크다고 말한 것이다.

그리고 내가 '핑크색 다이렉트 메일을 보냈다'라고 하면, 모두가 핑크 전단이나 다이렉트 메일을 만들어버린다. 이것도 마찬가지다. 세로로 쓰는 방법이나 핑크색을 활용하는 것은 잔재주일 뿐이다.

세미나에서 이런 질문을 자주 받게 된다.

"간다 마사노리 씨, 결국 전단은 무슨 색이 가장 반응이 좋은가요?"

내가 "핑크색입니다"라고 하면, 그 사람은 분명 핑크 전단을 만들 것이다. 그런데 매번 핑크가 반응이 제일 좋냐고 한다면 그렇지는 않다. 왜냐하면 그 지역에서 나누어준 전단이 모두 핑크면 의미가 없을 것이다. 묻히기 때문이다.

프로라면, 우선 신문에 접혀 있는 전단 다발을 가져올 것이다. 그리고 거기에 어떤 색의 전단을 넣으면 눈에 띄어서 손에 집게 될지를 생각한다.

다이렉트 메일도 마찬가지다. "결국 무슨 색 봉투가 가장 좋을까요?"라고 묻는데, 그 경우 역시 타깃이 되는 고객에게 도착할 타사의 다이렉트 메일을 싹 모은다. 거기에 무슨 색의, 어떤 크기의 봉투를 넣으면 눈에 띄고 손으로 집게 될지를 생각한다.

즉, 손재주의 기술만 생각하는 것이 아니다. 상황을 파악하는 것이 중요하다. 손재주의 기술은 따라 하고 싶어진다. 그러나 겉만 따라 하면 실패할 가능성이 크다.

왜냐하면 고객은 굉장히 육감이 발달되어 있기 때문이다. '이 사람에게 돈을 뺏기는 것은 아닐까?' 하고 자기 방어 본능이 강해진다. 어떤 경우에 육감이 작용할까? 그것은 '일관성이 없는 경우'다. 일관성이 없다고 여겨지는 순간, 손님은 '수상쩍다'라고 생각하게 된다. 즉, 남의 문장을 베껴 쓴 경우, 일관성은 무너지기 쉬울 것이다.

이것은 보통의 인간관계에서도 마찬가지일 것이다. 예를 들어, 술자리에서 '이 사람, 잘난 척하고 있는데 남의 말을 자기 것처럼 이야기하고 있는 거 아니야?'라고 느끼게 된다. 그 순간, 그 사람의 평가는 떨어진다. 즉, 자신의 문장으로 말하지 않는 한, 이성에게 인기도 없고 타인에게 존경받지도 못한다.

마찬가지로, 광고든 다이렉트 메일이든 세일즈 토크든 제대로 이해한 후에 자기 말로 다시 쓰지 않으면 안 된다.

기술을 배우는 것도 필요하지만, 그보다 중요한 것은 '손님이 무엇을 생각하고 있는가?'를 상상하는 것이다. 손님은 무엇을 요구하고 있을까? 손님에게 무슨 말을 해야 좋을까? 그것에 대해 일관성 있는 태도를 보이지 않으면 손님은 '수가 보이네'라고 생각할 수 있다.

예전에 있던 일이다. 타사 광고를 아주 잘 따라 한 사람이 있었다. 저작권 침해에 해당하지만, 그는 신경 쓰지 않았다. 그 결과, 광고로 손님이 몰렸지만, 안타깝게도 1명도 구매로 이어지지 않았다.

그는 '이런 방법, 결국 안 먹히잖아'라고 불평했다. 하지만 이것은 큰 실수다.

왜냐하면 그는 다른 회사의 광고를 따라 한 것이다. 타사의 광고는 성실하고 신뢰성이 느껴지는 문장으로 정리되어 있다. 그런데 갑자기 나온 사장님이 곱슬곱슬 파마머리에 삐딱한 사장님이라면 손님은 황급히 도망갈 수밖에 없다.

전단에 쓴 내용과 실제로 방문했을 때 느낌의 차이가 너무 컸던 것이다. 그 차이에 실망할수록 광고 효과는 부정적으로 작용한다. 왜냐하면 빠르게 악평이 퍼지기 때문이다.

그러니 잘된 전단이나 다이렉트 메일을 그대로 따라 한다고 해서 다 잘되는 것이 아니다. 그리고 따라 한 것은 결국 티가 나기 마련이다. 고객은 육감으로 당신의 불성실한 부분을 간파해낸다.

이마에 구슬땀을 흘리자. 그 노력의 결과로 자기 생각대로 손님이 온다면, 그것은 매우 큰 쾌감이 될 것이다.

설계도가 고객의 감정과
어긋나 있다

영업 설계도가 왜 필요할까? 그것은 죄를 피하기 위해서다.

그 죄란,

① 상대방이 원하지 않을 때 판매하는 것.

② 상대방이 원할 때 판매를 하지 말 것.

이 2가지다.

영업에 실패하는 전형적인 이유는 상대방의 형편을 생각하지 않고 무조건 설득해서 팔려고 하기 때문이다. 그것이 필요 이상으로 불매 심리를 높인다. 그렇기에 단계 영업을 해야 한다.

그러면 이번에는 ②의 실수를 하는 사람이 나온다.

화장품 회사에서 '2단계 광고로 했더니 매출이 10배로 올랐더라'는 경우가 있었다. 그럼 뭐든지 2단계로 하면 되냐고 묻는다면 그렇지 않다. '고객의 감정에 따라 계단을 만들자'라고 한 것이지, 그저 단순히 계단만 많이 만들면 되는 것이 아니다.

백화점에 쇼핑하러 갔다고 생각해보자. 그때 매장 입구에서 '어서 오세요'라고 말했다고 하자. 사실, 신입사원이 입사하면 손님에게 실례가 되지 않도록 '어서 오세요'를 하는 법을 배운다고 한다.

하지만 고객이 매장에 들어가자마자 '어서 오세요'라고 말한다면, 사자가 우리에서 뛰쳐나오는 것처럼 손님은 도망치듯이 바로 그 매장을 나오게 될 것이다.

'어서 오세요'라는 말을 할 때는 타이밍이 중요하다. 세일즈를 잘하는 판매점에서는 '사주셔서 감사합니다'라고 할 타이밍에 '어서 오세요'라고 말한다. 즉, 사는 것이 거의 정해져 있을 때 접근하는 것이다.

그렇게 점원이 ①의 죄를 깨달았다고 하자.

'아, 그렇구나. 억지로 사게 만들면 안 되는구나', '어서 오세요'라고 말하지 않는 게 좋겠다.'

그 결과, 이번에는 ②의 죄를 짓게 된다. 고객이 살 마음이 들 때, '어서 오세요'라고 말을 걸지 않는 것이다. 그러면 고객은 '여기서는 서비스가 별로니까 다른 가게로 가야겠다'라고 생각하게 된다.

영업사원 역시 마찬가지다. '영업사원은 고객에게 미움을 사고 있다. 그러니까 영업사원은 손님에게 먼저 전화하면 안 된다'라거나 '무슨 일이 있어도 손님으로부터 전화가 오게 해야 한다'라고 생각하게 된다. 그러면서 '억지로 영업은 안 할 테니, 당신이 먼저 전화하세요'라는 마음에 반응이 있던 손님마저 내버려두게 된다.

그렇게 영업사원은 고객의 반응을 기다린다. 하지만 아무리 기다려도 전화는 울리지 않는다. 결국, '다시 다이렉트 메일을 보내볼까?'라고 생각하게 된다.

하지만 이래서는 너무 신사적이다. 수많은 경쟁자가 그 고객에게 악착같이 영업 공세를 펼치도록 하는 셈이다. 고객은 당신의 회사에 관심이 있다고 말하고 있는데, 당신은 이를 내버려두고 있다.

매우 변변치 않은 비유일 수 있지만, 여성이 자기 집에 당신을 초대했음에도 불구하고, 당신은 그 앞에서 연애론에 관해 이야기하고 있는 것과 같은 것이다.

중요한 것은 '거리를 두고 신사적으로 행동하라'는 것이 아니다. '손님의 감정에 따른 단계를 생각하자'라는 것이다. 한 번 손을 들었을 때, 이미 상대방은 당신에게 관심이 있다고 말하는 것이다. 두 번, 세 번, 반복해서 손을 들어 달라고 할 필요는 없다. 해야 할 때는 한다! 이것이 세일즈 비법이다.

반응률로 성공과 실패를 성급히 판단한다

다이렉트 메일을 보낸 후의 사장의 반응은 2가지로 나뉜다.

타입 1의 사장 : "간다 마사노리 씨, 다이렉트 메일을 보냈는데 반응이 없어요. 왜 없을까요?"

나 : "반응이 없다는 것은 어느 정도를 말하는 것인가요?"

타입 1의 사장 : "1,000통을 보냈는데, 하루에 10건밖에 반응이 없어요. 아무래도 망한 것 같아요."

같은 상품을 판매하고 있어도 타입 2의 사장은 이렇게 말한다.

타입 2의 사장 : "간다 마사노리 씨, 완벽하게 성공했습니다!"

나 : "얼마나 성공하셨나요?"

타입 2의 사장 : "1,000통의 다이렉트 메일을 보내서 하루에 10건이나 반응이 있었습니다."

과연 어느 회사가 성공할까? 당연히 타입 2의 사장이다.

실패하는 사장은 퍼센티지로 성공과 실패를 판단한다. 다이렉트 메일의 경우, 1%의 반응률에 연연한다. '보통 2~3%의 반응을 얻지 않을까요? 저는 완전히 실패입니다'라고 하는 것이다.

신문·잡지의 광고에서도 마찬가지다.

"이 잡지의 발행 부수는 30만 부인데, 그 0.1%인 200명 정도만 반응했어도 좋았을 텐데, 반응률이 저조한 것은 왜일까요?"

애초에 신문이나 잡지의 발행 부수라는 것 자체는 기준치가 되지 않는다. 발행 부수라는 것은 실제로 읽히든 아니든 상관없을뿐더러, 독자가 열정적으로 읽고 있는지 아닌지 감정 수준의 강도를 알 수 없다. 그러므로 '발행 부수의 몇 %가 반응했다'라는 것은 의미가 없다. 그것에 일희일비해서는 안 된다.

반면 성공하는 사장은 투자 대비 비용 효과로 성패를 판단한다.

다이렉트 메일 1,000통으로 10건의 반응이라는 것은 1통에 150엔으로 계산하면 15만 엔의 경비를 들인 것이다. 거기에서 10건의 반응이라고 한다면, 1명의 고객을 1만 5,000엔으로 유치한 것이다.

'에이, 1만 5,000엔이나 들였는데 고작 1명이야?'라고 생각할 수도 있다. 하지만 1만 5,000엔으로 유치한 고객의 재구매까지도 생각해보자. 그 결과, 평균적으로 5만 엔의 이익을 1년 안에 얻을 수 있다.

'그렇다는 것은 1만 5,000엔을 고객에게 저금한다면, 연말에는 5만 엔이 되어 돌아온다는 것인가요?'

그렇다. 하루에 10건의 반응이 있었으니, 연말에는 50만 엔이 되어 있을 것이다. 그럼 이 다이렉트 메일을 1만 통 보내면 어떻게 될까? 10배이니까 500만 엔, 10만 통 보내면, 그것의 10배라는 의미가 된다. 나라면 지인들을 다 모아서 봉투 포장과 우표 작업을 시킬 것 같다.

반응률을 목표 수치로 삼는 것은 좋다. 하지만 거기서 생각을 멈추면 안 된다. 성공을 눈앞에 두고도 그 의미를 몰라서 딱 한 걸음이 모자라서 구조를 구축할 수 없게 된다. 이런 아까운 실수를 하는 사장이 생각보다 꽤 많다.

당신과 거래하지 않으면,
바보라는 말을 듣게 되는 방법

나 : "어때요? 어떨 때 실수하게 되는지 이해했나요?"

당신 : "음, 간다 마사노리 씨, 솔직히 더 알 수 없게 되었어요. 처음에는 뭔가 문장만 바꿔도 반응이 올라간다고 해서 쉬운 줄 알고 달려들었는데, 그 문장의 선택이나 설계도를 만드는 단계에서 고객의 사고를 읽는 것이 중요한 거네요. 잔재주만을 흉내 내도 안 된다는 말씀이시죠?"

나 : "완전히 안 된다는 의미는 아닙니다. 앞에서도 말했듯이 가로쓰기와 세로쓰기의 광고가 있다면, 세로쓰기 광고의 반응이 더 좋은 것은 맞으니까요. 그런 잔재주만으로 반응률이 올라가는 경우도 많습니다. 하지만 안타깝게도 그것을 해서 효과가 없다는 사람 역시 있습니다. 그 경우, 효과가 없는 원인을 생각해보면, 애초에 고객의 감정을 생각하지 않고 전혀 다른 일을 하는 경우가 많습니다."

당신 : "그래서 감정을 읽기 위한 한 가지 방법으로, needs-want 분석법 같은 차트를 이용하는 것이군요."

나 : "한 가지 방법이라기보다는 확인하기 위한 편리한 도구이지요. 객관적으로 고객의 사고 안에 자신의 상품을 보는 관점이 어디에 있는지 확인할 수 있으니까요."

당신 : "그럼 오른쪽 상단 박스 안에 들어 있지 않으면 그것을 위로 당길 방법을 생각하면 되는 것인가요?"

나 : "맞아요. 오른쪽 상단 박스 안에 들어 있으면 좋지만, 그게 어려운 경우도 있습니다. 절박한 필요성이 높거나 또 억누를 수 없는 욕구가 높으면 잘 팔립니다. 하지만 많은 회사가 이마에 구슬땀을 흘리려는 노력을 조금도 하지 않습니다. 이러한 회사들은 타사의 같은 상품을 타사와 똑같은 가격에 판매하려고 합니다. 그러면 고객 입장에서 볼 때, '왜 당신네 회사의 상품을 사지 않으면 안 되나요?'라고 생각하게 됩니다."

당신 : "즉, 차별화되어 있지 않으면 안 되는군요."

나 : "아니요, 차별화뿐만이 아닙니다. 차별화한다고 해서 고객이 온다는 보장은 없으니까요. 그 차별화가 needs-want로 분석해서 매력적이었을 경우에 고객은 반응하는 것이잖아요? 그저 단순한 차별화가 아닙니다. 당신과 거래하지 않는 것은 바보라고 생각하게 할 정도의 압도적인 매력이 있어야 합니다."

당신 : "압도적인 매력이 있으려면 needs-want 분석을 사용해서 가능

한 한 객관적으로 자신은 어디에 위치해 있는지를 분석해야 하는 거네요."

나 : "맞아요! 예전에는 도토리 키 재기를 해도 팔리던 시대였지만, 성숙 경제에 도달하면 어설프게 하면 절대 팔리지 않아요. 압도적이어야만 해요."

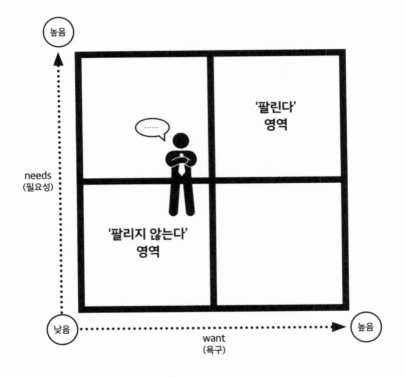

👉 힌트 : needs나 want가 없다고 여겨지는 상품이라도 고객이나 판매되는 상황을 좁혀
보면 needs-want를 끌어낼 수 있다.

PART

5

감정 마케팅으로
고객을 사로잡아라

왜 말의 선택으로
반응이 달라질까?

당신 : "고객의 감정을 내 편으로 만듦으로써 감정 마케팅을 전개합니다. 예를 들어, 고객 마음의 걸쇠를 풀 말을 사용하거나 하는 것입니다. 일방적으로 상품을 내세우는 것이 아니라 고객의 감정을 생각해주는 것입니다. 그러면 반응은 비약적으로 올라갑니다. 그것이 감정 마케팅입니다."

나 : "맞아요, 말은 깜짝 놀랄 정도로 영향력이 있습니다. 단어를 어떻게 선택하느냐에 따라 비즈니스의 성공 여부가 결정되는 경우도 있을 정도입니다."

당신 : "왜 그렇게 영향력이 있는 것인가요?"

나 : "음, 철학적인 이야기이긴 하지만, 원래 인간 행동의 원천이 되는 것이 사고입니다. 사고라는 것은 말로 행해지는 법입니다."

당신 : "그렇죠. 생각하는 것 자체가 말로 행해지죠. 그런데 그게 무슨 상관인가요?"

나 : "즉, 말 → 사고 → 행동의 흐름입니다. 마케터로서는 행동을 바꾸고 싶은 것이지요. '광고에 반응하고 행동을 일으키고 싶다', 그러면 행동을 바꾸려면 먼저 사고를 바꾸지 않으면 안 되잖아요?"

당신 : "하지만 다른 사람의 생각을 바꿀 수는 없잖아요."

나 : "맞아요. 직접적으로는 바꿀 수 없지요. 하지만 사고의 바탕이 되는 말을 새로운 말로 대체하는 것은 가능합니다."

당신 : "'경비를 삭감하지 않겠습니까?'를 '아직도 손해 보고 있나요?'로 대체하면 사고의 바탕이 되는 말이 바뀌고, 거기에서 다른 사고가 일어난다는 것이지요?"

나 : "맞아요. 다만 문제는 사람은 어떤 경우에 사고의 바탕이 되는 말을 바꾸느냐는 것입니다. '현상의 세계' = '광고에 의해 표현되는 세계'라면 균형이 잡혀버린 것이기 때문에 말을 바꿀 수 없습니다. 그래서 일부러 균형을 무너뜨릴 궁리를 해야 합니다."

당신 : "음, 그렇다면 '경비를 삭감하지 않겠습니까?' 하는 문구는 어디서나 쓰이는 문구이니 '현상의 세계' = '광고에 의해 표현되는 세계'네요. 즉, 균형이 잡혀 있으니 아무 일도 일어나지 않는 거네요. 하지만 '아직도 손해 보고 있나요?'로 한다면, 현상의 세계가 부정되고, 그래서 '현상의 세계' ≠ '광고로 표현되는 세계'가 되네요. 그렇게 균형이 깨지는 것이군요."

나 : "그 갭이 생기고 말이 바뀝니다. 그렇게 다른 사고가 일어납니다. 이것이 깨달음이라는 것입니다. 그리고 비로소 행동에 대한 에너

지가 생깁니다.”

당신 : “성경이었나요? ‘태초에 말씀이 계시니라’라는 문장! 저 계속 그
게 무슨 뜻인지 몰랐는데, 이런 것과 관계가 있을지도 모르겠네
요.”

고객의 감정을 바탕으로 비즈니스를 재구축한다

당신 : "감정 마케팅은 단순히 광고의 반응을 높이는 것이 아니라 여러 분야에 응용할 수 있을 것 같네요."

나 : "맞아요. 실제로 감정이라는 것을 이해할수록 응용 범위가 넓어집니다. 예를 들어, 기업 전략이나 사업 전략은 지금까지 시장 환경, 경쟁 환경에서 분석해온 것이지요. 그러나 궁극적으로 기업에 현금 흐름을 가져오는 것은 사람입니다. 그래서 사람의 감정 측면에서 살펴봤을 때 매력적인 기업으로 만들지 않으면 안 됩니다. 그렇게 생각하면, 감정을 사용해 전혀 새로운 관점에서 전략을 다시 짤 수 있습니다."

당신 : "그렇다는 것은 '회사에서 일하는 직원도 사람이니까 그 감정을 생각함으로써 사람도 변화할 수 있다'라는 것입니까?"

나 : "네. 사실 고객의 감정을 자극하면 고객들도 직원들에게 감사하기 시작합니다. 그러면 직원들도 달라집니다. 직원들의 동기를

| 감정 마케팅의 체계 |

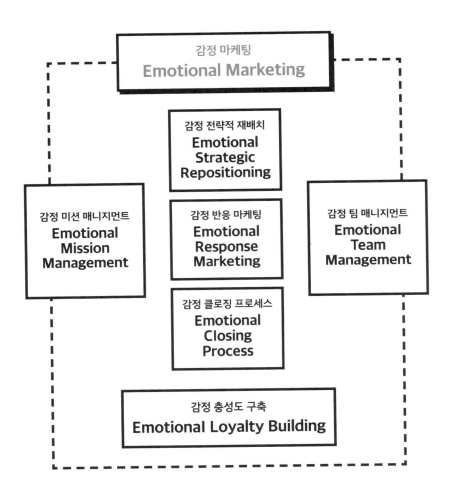

이러한 감정을 바탕으로 비즈니스를 재건축한다.
그것이 감정 마케팅이다.

높이는 것은 무엇보다 회사의 팬이 되어주는 고객이 늘어나는 것이니까요."

당신 : "그러고 보니 회사의 팬이 되어준다는 말을 들으니 생각났는데, 감정 마케팅을 고객을 고정화하는 데도 응용할 수 있을까요?"

나 : "고객의 고정화라는 것은 일단 기존고객이 된 고객에게 여러 번 반복적으로 구매해달라는 것이지요?"

당신 : "맞아요. 신규고객이 느는 것은 좋지만, 실제로 이전 책에도 쓰여 있듯이 신규고객의 유치 비용이 기존고객이 구입하게 하는 비용의 6~12배 이상이잖아요? 그만큼 많은 돈을 투자해서 유치한 고객입니다. 그러면 그 투자한 금액을 회수하기 위해서는 고객이 이탈하지 않게 해야 합니다."

나 : "그래서 고객의 고정화에 관심이 있었군요. 맞아요! 고객을 당신 회사의 팬으로 만든다, 사로잡는다는 것도 감정 마케팅의 응용 범위지요."

당신 : "어떻게 응용해야 합니까?"

나 : "그것에는 2가지 방법이 있습니다. 그 방법을 사용하면 90일도 걸리지 않습니다. 30일 만에 매출을 올릴 수 있습니다. 어때요? 듣고 싶나요?"

당신 : "그렇게 뜸 들이지 마세요!"

고객을 사로잡기 위해서는
고객 만족만으로는 부족하다

고객 충성도를 어떻게 높여야 할까?

내가 직장인이었을 무렵, 근무하고 있던 가전 회사가 이 과제에 관해 연구하고 있었다.

고객 충성도는 말 그대로 고객이 회사에 얼마나 충성하는지의 여부다. 왜 이런 것이 문제가 되었을까? 사실은 그 무렵, 고객 만족(CS=Customer Satisfaction)이라고 하는 콘셉트가 주목받고 있었다. 고객 만족도를 높이면 고객은 이탈하지 않는다고 이야기될 정도였다.

하지만 이 업체에서 고객 만족도를 조사했더니 엄청난 결과가 나왔다. 세탁기, 냉장고 등의 내구 소비재를 제조하고 있던 메이커였는데, 고객 만족도 조사 결과, '제품에 매우 만족한다'라는 대답이 90% 이상이었다. 즉, 품질 면에서는 타사를 능가하는 매우 좋은 수치가 나온 것이다. 하지만 기뻐하기는 아직 일렀다.

고객은 만족하고 있기는 하지만, 몇 년 후 교체할 때가 되면 약 30% 정도의 고객만이 같은 브랜드를 사준다. 즉, 제품에 만족하더라도 타사 브랜드로 옮기는 것이다. 그렇게 깨닫게 되었다. 고객 만족과 고객의 정착률(충성도)은 일치하지 않는다는 것을 말이다. 그럼 어떻게 해야 고객 충성도를 높일 수 있을까?

여기서 고객 충성도를 높일 2가지 프로그램을 소개하려고 한다. 먼저, 하나는 '21일 고객 감동 프로그램'이고, 또 다른 하나는 '생애 고객 교육 커리큘럼'이라는 것이다.

손님을 정착시킨다는 것도 감정을 바탕으로 생각해보면 효과적으로 접근할 수 있다. 고객의 감정을 아군으로 만들면 빠르게 고객을 당신 회사의 팬으로 만들 수 있다.

건강식품을 판매하는 한 회사는 신규고객이 최초 구매일로부터 30일 이내에 재구매하는 확률이 15~85%라고 한다. 또한, 뒤에서 소개할 통신 판매 회사는 신규고객이 최초 구매일에서 30일 이내에 재구매하는 평균 횟수가 1.12회에서 1.86회로 늘고 있다.

간단하게 말해서 도입하게 되면 30일 이내에 매출이 오를 방법이 있다는 것이다. '그런 방법이 있다면 이렇게 고생하지도 않는다고!'라고 생각할 사람도 있을 것이다. 하지만 속는 셈 치고 읽어주었으면 좋겠다.

나 역시 '이런 당연한 것을 왜 말하지 않으면 안 될까?' 하는 의문이 들 정도다. 간단하지만 효과가 있다. 콜럼버스의 달걀(Egg of Columbus : 단순하고 쉬워 보이지만, 쉽게 떠올릴 수 없는 뛰어난 아이디어나 발견을 의미) 같은 방법이다.

고객 이탈
현상

우선 고객 이탈은 어느 정도로 일어나고 있을까? 이는 실제 수치로 보는 것이 무서울 정도다.

유통에 정통한 고사카 유지(小阪裕司) 선생님에 의하면, 어느 소매점의 고객 이탈, 즉 한 번 온 고객이 돌아올 비율은 50%를 밑돈다. 그리고 두 번 구입한 고객이 세 번 구입하는 비율은 그 30~50%라고 한다.

이것은 매출이 별로인 소매점의 경우가 아니다. 매우 우수한 소매점에서도 이러한 수치를 보인다고 한다. 즉, 대부분 손님이 사라지는 것이다. 고객이 점점 이탈한다.

지금까지 이런 숫자는 그다지 주목받지 못했다. 하지만 측정해보면, 파란 수치가 되는 경영자가 속출할 것이다. 지금까지는 대체로 그날의 매출만을 주목하고 있었다. 다시 말해, 신규고객이 얼마나 샀고, 재구매고객이 얼마나 샀다는 숫자는 보이지 않았다. 고객을 개별적으로 인식하지 못했기 때문에 구매 이력을 시계열로 볼 수 없었다. 신규고객이나 재구매고객, 모두 같은 범위에 들어가 있었던 것이다.

이것은 법인 역시 마찬가지다. 신규 법인과 계약에 성공했다고 해도 빠른 속도로 주문이 들어오지 않게 된다. 지금까지는 영업사원에게 맡겼다. 즉, 영업사원이 거래처를 돌며 인간관계를 구축하는 것이다. 그렇게 돌아다니면서 주문받아 오는 방식이다.

하지만 영업의 효율화를 위해 1명의 영업사원이 감당할 수 없을 정도의 거래처를 맡게 되었다. 그러자 한 곳, 한 곳의 거래처를 돌아다닐 시간이 부족해졌다. 그 결과, 주문이 지속되지 않는다. 거래처가 자주 이탈하는 문제점에 직면하게 된다.

포인트 카드의
한계

고객 이탈 방지 방법으로 주목받는 것으로 원투원 마케팅(One to One Marketing, 일대일 마케팅 또는 개별 마케팅)이 있다. 그 구체적인 실천법으로 여러 회사가 포인트 카드를 도입하고 있다.

하지만 포인트 카드만으로는 고객 충성도를 올릴 수 없다. 물론, 없는 것보다는 있는 게 좋기는 하지만, 잘못 사용하는 경우가 매우 많다.

어느 리사이클 샵에서 이런 이야기를 들었다. 포인트 카드를 발행하고 있지만, 고객의 정착화를 위해서가 아니라고 했다. 그저 경쟁사들이 모두 포인트 카드를 주고 있어서 하고 있다고 한다. 실제로 경쟁점이 할인 캠페인이라도 하면 자신의 고객을 뺏긴다. 그러면 더블 포인트 데이를 개최해 가능한 한 자신의 고객을 뺏기지 않게 한다.

결국, '타사도 하고 있으니까'라거나 '타사의 저가 정책에 지지 않도록 더블 포인트 데이를 한다'라고 하는 수비 수단으로서 포인트 카드를 사용하고 있는 것이다.

포인트 카드의 세계에서는 포인트가 좋은 가게로 고객이 가게 된다. 결국, 이것은 가격 경쟁과 같다. 물론 안 하는 것보다는 낫다.

하지만 그것으로 고객이 당신이 팬이 될 수 있다고 생각하는가?

고객 충성도란
무엇일까?

고객 충성도는 이런 방정식으로 생각해보면 이해하기 쉽다.

**고객 충성도 = ① 상품·서비스 품질에 대한 만족 × ② 라이벌의
비교 우위성 × ③ 당신 회사에 호의를 가지는 시간**

이렇게 된다.

①과 ②는, 전제조건으로서 상품·서비스에 만족하지 않으면, 고객은
정착하지 않는다. 게다가 당신의 회사에 만족하더라도 경쟁사가 더 매
력적인 제안을 해오면 고객은 정착하지 않는다. 문제는 ③이다.

'당신의 회사에 호의를 가지는 시간'이란 무엇일까? 이것을 이해하기

위해서는 우선 고객 충성도가 구입 후에 어떤 과정을 거치는지 살펴보자.

고객 충성도는 구입한 순간이 가장 높다. 예를 들어, 당신이 차를 샀을 때의 일을 떠올려봤으면 좋겠다. 구매했을 때 가장 만족도가 높지 않을까? 구입할 때는 자신이 굉장히 현명한 쇼핑을 했다고 믿는다. 담당 영업사원을 신뢰하고 또 그 매장을 신뢰하고 있을 것이다. 그래서 지갑을 열게 된 것이다.

그런데 이 차를 사자마자 후회도 시작된다. 이것을 마케팅 용어로 '구매자의 후회(Buyer's remourse)'라고 한다. 이 후회는 상품을 불문하고 반드시 일어난다. '내 구매 결정이 옳았을까?', '속아서 구매한 것은 아닐까?' 하는 후회다. 산 직후에는 기쁘다. 하지만 그다음에는 자동차 잡지의 광고가 무서워서 볼 수 없게 된다. '더 싸게 살 수 있지 않았을까?' 하는 생각이 들기 때문이다.

대부분 회사는 고객에게 구매 후 후회가 생겼다고 시작하면 고객에게 연락하지 않는다. 난처한 상황이 생길까 봐 두려운 것이다. 반면 고객들은 회사에 대한 불신이 커진다. '내가 사줬는데, 저 영업사원은 감사 인사도 없네'라고 느낀다. 이렇게 고객 충성도가 낮아진다. 즉, 고객이 구매를 결심하고 지갑을 연 순간이 가장 고객 충성도가 높다. 하지만 그때부터 바로 급격히 떨어지기 시작한다.

이것을 방정식에 적용해보자.

고객이 당신의 회사에 호의를 가지는 시간은 어떻게 변화하는가?

| 구매 후 시간과 고객 충성도의 연관성 |

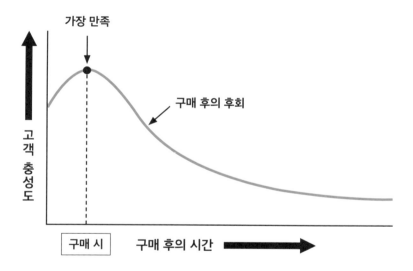

구매 직후에는 구매한 회사나 상품에 대해 생각할 시간이 많다. 그런데 아무리 훌륭한 상품을 샀더라도 들뜬 시간은 길어야 3주다. 사람의 흥미는 3주까지는 지속되지만, 그 이후에는 습관이 되기 쉽다. 아무리 좋은 차, 예를 들어 포르쉐 같은 차를 샀다고 해도 3주 후면 일상으로 돌아가버린다.

이처럼 구입 이후 3주 만에 급속히 당신의 회사에 호의를 가지는 시간이 짧아지는 것이다.

여기서 앞의 방정식을 다시 살펴보자. 모든 ①, ②, ③의 요소가 곱셈으로 되어 있다. 곱셈이기에 ①과 ②가 아무리 뛰어나다고 해도 ③의 '당신에게 호의를 가지는 시간'이 짧아진다면 고객 충성도는 확 내려가버린다.

벼랑을 굴러떨어지는 것처럼 애착(충성도)이 떨어지니 그 손님은 절대 재구매하지 않게 된다.

당신의 회사에 호의를 가지는 시간을 늘릴 방법

당신 : "그렇군요. 포인트 카드를 가지고 있다고 해서, 특별히 그 회사에 호의가 생기는 것은 아니니까요."

나 : "포인트 카드라는 것은 결국 할인과 마찬가지로 경제적인 이점을 고객에게 주는 것이죠. 그러면 싸게 파는 것과 같이 소모전에 돌입하게 됩니다."

당신 : "아, 그렇군요. 결국, 싸게 파는 것과 같네요. 경쟁자가 할인 판매를 하게 된다면 더블 포인트 데이로는 의미가 없죠."

나 : "맞아요. 한마디로, 경제적인 장점만으로는 바람을 피우게 됩니다. 감정적인 유대감을 강화해야 해요."

당신 : "바람을 피운다니, 뭔가 여자와 남자의 관계 같아요."

나 : "사실 고객 충성도 저하를 막기 위한 간단한 방법이 있어요. 남녀 관계에 비유해서 설명하는 것도 재미있네요. 질문 하나 하려고 하는데, 괜찮나요?"

당신 : "그럼요!"

나 : "상상해보세요. 당신이 줄곧 좋아했던 여성을 식사에 초대했습니다. 오늘 밤이 첫 데이트이고, 맛있게 식사했습니다. 너무 즐거웠고, 그녀도 즐거워 보였습니다. 자, 이 첫 데이트에서 그녀와 헤어진 후 당신이라면 무엇을 할 것인가요?"

당신 : "음, 전화를 할 것 같아요."

나 : "전화는 언제 할 것인가요?"

당신 : "그날 저녁일 것 같아요."

나 : "그렇죠. 그래서 전화로는 무슨 말을 할 것인가요?"

당신 : "일단, '오늘 고마웠어. 너무 즐거웠어'라고 하겠죠."

나 : "왜 그날 저녁에 고맙다고 전화하죠?"

당신 : "그것은 인상을 좋게 하고, 잊을 수 없게 하기 위함이죠."

나 : "그날 전화로 전할 말은 감사 인사뿐인가요?"

당신 : "아, 다음 데이트 약속을 잡는다거나?"

나 : "다음 데이트는 언제쯤으로 잡을 건가요?"

당신 : "음, 일주일 이내로 하고 싶어요."

나 : "왜 2개월 후는 안 되죠?"

당신 : "2개월 후가 되면 다른 남자에게 뺏길지도 모르니까요. 뭔가 이러니까 연애 상담 책 같아요. 비즈니스서잖아요!"

나 : "하하하. 하지만 고객과의 관계는 연애하는 것과 같잖아요. 인간

관계로 예를 들면, 그녀에게 잊히지 않는 방법이 없을지 연구할 텐데, 이렇게 생각하면 간단하게 이해되잖아요."

당신 : "아, 뭔가 점점 이해되고 있어요."

나 : "그럼 마지막으로 그녀의 마음을 확 사로잡기 위해서는 어떻게 할까요?"

당신 : "음, 그녀가 좋아할 만한 선물을 할 것 같아요."

나 : "그 선물을 어떻게 건네줄 건가요?"

당신 : "서프라이즈로 줄 것 같아요."

나 : "왜요?"

당신 : "그게 더 기뻐할 것 같아요."

나 : "잘 알고 있네요. 지금까지의 이야기를 비즈니스에 응용하면 빠르게 고객 충성도가 높아질 거예요."

지금까지의 대화를 비즈니스에 적용해보면 다음과 같다.

① 신규고객이 확보되면 최대한 빠른 시일 안에 감사의 인사를 드린다. 이 감사 메시지는 가능하면 직접 쓰는 것이 효과적이다.

▼

② 구매일로부터 일주일이 지난 후에 다시 연락을 드린다. 이 메시지의 내용은 당신의 구매 결정이 얼마나 옳았는지 확인하게 하는 것이다. 이것의 목적은 구매 후 후회로 인해 빠르게 떨어지는 충성도를 유지

하는 데 있다.

▼

③ 마지막으로 고객과의 관계를 확고히 하기 위해 서프라이즈로 선물을 보낸다. 이 경우, 고가의 물건을 보내면 오히려 역효과다. 저렴하지만 배려심이 느껴지는 선물을 보낸다.

고객과 이러한 커뮤니케이션을 해나갈 때 주의해야 할 사항은 무엇일까?

그것은 바로 타이밍이다.

신규고객이 된 시점부터 21일간 ①~③의 커뮤니케이션을 수행한다. 21일간 세 번의 커뮤니케이션을 하는 것이다. 이것을 '21일 고객 감동 프로그램'이라고 한다.

그런데 왜 21일 동안 세 번일까. 21일 동안 같은 일을 반복하면, 인간은 어떤 일이든 습관화한다는 데이터가 있다. 다시 말해, 21일만 넘으면 어떤 것이든 일상화할 수 있다는 것이 된다. 그렇기에 21일이 지나기 전에 단숨에 인간관계를 구축해버리자는 것이 이러한 시도다.

21일 고객 감동 프로그램을 시행한 후의 고객 충성도는 다음 페이지와 같다.

경제적 대가의 추구에서
고객과의 인간관계 중시로

이런 결과가 나온 이유는 다음과 같다.

1. 이전에는 '아토피 치료약'을 샀을 뿐이다.
2. 그런데 이 프로그램을 마친 후에 감사 전화가 잇따른 것에서 알 수 있듯이 야마모토라는 회사에 애착을 느낀다.
3. 아토피 관련 상품뿐만 아니라 기타 상품 샘플이 서프라이즈 선물로 도착한다.

이전에는 피부 상태가 개선되면 고객은 구매를 멈추게 된다. 하지만 고객과 체계적으로 소통하기 시작한 결과, 고객의 감정이 회사와 가까워지게 되었다. 만난 적도 없는데 인간관계가 생기는 것이다.

인간관계가 생기기 시작하면, '이 회사는 어떤 회사일까?', '그 밖에 어떤 상품을 판매하고 있을까?' 궁금해질 것이다. 그 결과, 상품 구매 점수나 구매 단가가 올라가게 된다. 그리고 주변에 소개도 하게 된다. 이렇게 선순환되는 것이다.

반복해서 이야기하지만, 중요한 것은 타이밍이다. 많은 회사가 캠페인을 손님이 잊어버릴 무렵에 하게 된다. 3개월 후, 반년 후면 늦는다. 왜냐하면 손님의 마음은 점점 차가워지기 때문이다. '철은 뜨거울 때 쳐야 한다'라는 말이 있다. 철은 아니지만, 고객의 마음이 뜨거울 때 행동해야 한다.

22일째부터는
무엇을 하면 좋을까요?

당신 : "설명을 들으니 생각났는데, 이것은 우수한 영업사원들은 자발적으로 하는 일이지요?"

나 : "맞아요. 실제로 우리 고객 중에도 고객 이탈률이 굉장히 낮은 회사가 있습니다. 왜 그런지 분석해보면, 자신도 모르는 사이에 이 고객 감동 프로그램을 시행하고 있는 것입니다."

당신 : "그렇군요! 당연한 것으로 생각했는데, 조금 다르네요."

나 : "어디가 다르다고 생각하나요?"

당신 : "의식해서 하는 것과 의식하지 않고 하는 것은 큰 차이인 것 같아요."

나 : "무슨 의미인가요?"

당신 : "사실 저는 예전에 가전제품 판매점에서 일했는데, 굉장히 잘 파는 영업사원 1명이 있었어요. 간다 마사노리 씨의 이야기를 듣고 생각해보니, 그 점원도 21일 고객 감동 프로그램을 개인적으로

하고 있었어요. 하지만 회사는 그것을 알아채지 못했죠."

나 : "그런 회사가 많아요. 그래서 '그 사람 혼자서 저렇게 많이 파는 것은 왜인가요?'라고 내가 물으면 주변 영업사원들은 뭐라고 답할까요?"

당신 : "음, '그 사람은 성격이 좋아서 그래'라든가…."

나 : "맞아요. 즉, 고객이 그 사람의 인품에 끌리는 거예요. 그렇게 설명하게 되지요. 하지만 그가 좋은 사람이라서 고객이 그에게 사는 것은 아니라 그가 취하는 행동 때문에 이탈하지 않는 것입니다."

당신 : "그럼, 회사 전체가 21일간 고객 감동 프로그램을 진행했을 때는 시스템적으로 이탈을 막을 수 있다는 것인가요?"

나 : "결국 경쟁력을 가지는 것은 시스템입니다. 고객을 늘릴 시스템을 회사 전체가 가지고 있느냐의 여부입니다."

고물 컴퓨터만 있어도
실천할 수 있다

당신 : "이해는 쉽게 되지만, 실천하는 것은 힘들 것 같아요."

나 : "하지만 진행하고 있는 회사도 많아요. 이러쿵저러쿵 말하지 말고 일단 시작하면 돼요."

당신 : "그렇게 가볍게 말하지 말아주세요."

나 : "당신이 하는 말도 일리는 있어요. 얼마 전까지만 해도 이런 것을 하려면 꽤 의욕이 넘치는 직원을 모아야 했으니까요. 하지만 최근에 이 프로그램을 도입하는 회사가 늘어난 것은 고객을 컴퓨터로 관리할 수 있게 되었기 때문입니다."

당신 : "아, 컴퓨터로 처음부터 3회의 액션을 프로그램하면 되겠네요. 그다음은 자동으로 세 번의 커뮤니케이션을 하면 되고!"

나 : "맞아요. 저도 귀찮은 일은 하기 싫어요. 하지만 결국 고객 이탈은 큰 손해잖아요? 나중에서야 인간관계를 되돌리는 것은 굉장히 어려워요. 그 안에서 최소의 노력으로 최대의 결과를 얻을 수

밖에 없어요. 신규고객이 되는 타이밍을 최대한으로 이용하는 것이 최소비용으로 고정고객화하는 것으로 이어집니다."

당신 : "그렇겠죠. 데이트하자고 하더니 그 사람은 버려두고 다른 여자와 데이트하다가 다시 반년 후에 데이트하자고 하면, 상대는 당연히 화가 나겠죠."

나 : "그런 시점에서 신용을 얻기 위해서는 처음 이상의 노력과 비용이 드는 것이죠."

당신 : "그 비유는 굉장히 이해되네요. 마지막으로 한 가지 더 질문해도 될까요? 21일이 끝난 후에는 어떻게 해야 하나요? 이게 끝인 것은 아니죠?"

나 : "고정고객화 프로세스라는 것이 그다음에 있어요. 한마디로 말하면, 커뮤니케이션이 계속 필요하다는 것입니다. 이것에 관해서는 다음 사례에서 설명하겠습니다."

고객 교육 커리큘럼을 만들어서
회사의 팬으로 만드는 방법

그럼, 고객을 당신 회사의 팬으로 만들기 위해서 21일 이후에 계속해서 행해야 하는 프로그램에 관해 설명하겠다. 이것을 '생애 고객 교육 커리큘럼'이라고 한다.

이 프로그램은 즉, 고객을 회사에 정착시키기 위해서 고객을 교육시키자는 것이다. 고객을 교육한다니? 뭔가 굉장히 고압적인 것처럼 느껴지지만, 여기에는 이유가 있다.

지금까지 대부분 회사는 '고객에게 봉사한다'라는 자세로 고객을 대하는 경우가 많았다. 이것이 결코 잘못된 것은 아니다. 하지만 이것만으로는 안 된다.

상품 정보가 범람하고 있는 세상이기에 안타깝게도 고객은 스스로 명확한 상품 선택 기준을 갖지 않는다. 그래서 아무리 좋은 상품을 당신이 제공한다고 해도 고객은 그 가치를 모르고 바람을 피우게 된다.

바람을 피우게 하지 않으려면 자사의 상품 정보를 제대로 전달해야 한다. 그래서 많은 회사가 훌륭한 종합 카탈로그나 회사 안내서를 만들어 고객에게 효율적으로 상품 정보를 전달하고자 한다. 즉, 가지고 있는 상품이 30개라면 종합 카탈로그에 그 30개를 죄다 소개한다. 이것이 가장 큰 실수다.

한 번에 많은 정보를 제공하겠다는 관점에서 보면 효율적이다. 하지만 고객에게 있어서는 학교에서 한 번에 교과를 몇 권이나 건네받는 것과 같다. 이래서는 공부할 마음이 안 생긴다.

그렇다면 고객이 지식을 흡수하기 쉽게 하려면 어떻게 해야 할까? 그것은 커리큘럼을 만들어주는 것이다. '먼저 이 상품 지식을 흡수합시다', '그다음에 이 상품을 사용해보세요'라고 단계를 밟아 지식을 흡수시킨다.

이 커리큘럼이 제대로 설계되었을 경우, 고객은 즐기면서 상품 지식을 늘려간다. 그리고 그 회사의 이상적인 고객으로 성장한다.

이 프로그램의 사례로 도쿄 키치죠지에서 건강 관련 상품을 판매하고 있는 회사인 주식회사 파일드 액티브의 야마구치 테츠시(山口哲史) 사장의 이야기를 해보려고 한다. 내가 독립해서 경영 컨설턴트로 나서게 되었을 당시의 첫 클라이언트다.

처음 야마구치 사장을 방문했을 때가 아직도 기억이 난다. 매장에 들어가니 제일 먼저 눈에 띄는 것은, 수북이 쌓인 건강 테이프와 식품이었다. 곳곳에 운동선수들의 사인도 보였다. 케이스 안에는 수정 목걸이가 있었고, 어깨 결림이나 요통이 완화된다는 효능의 파동(波動) 가공을 한 건강 관련 상품을 판매하고 있었다. '뭔가 영문 모를 회사에 오게 되었네' 그것이 나의 첫인상이었다.

야마구치 사장은 매우 소탈하고 성실해 보이는 사람이었다. 하지만 상품이 미묘했다. 사실 사장님의 고민도 거기에 있었다. 상품은 좋은데 설명할수록 손님들이 이해하지 못한다고 했다. 효과나 효능에 대해 말하고 싶어도 말할수록 수상쩍은 느낌을 준다. 그래서 효과와 효능을 강조하지 않아도 고객이 쉽게 상품을 이해하게 되는 그런 교육 커리큘럼이 필요했다.

이 커리큘럼 작성의 포인트는 고객은 어떠한 프로세스를 거쳐 이상적인 고객이 되는가 하는 것이다.

보통 회사의 경우, 구매 빈도, 구매 금액, 구매일 등을 분석해 고객의 등급을 매긴다. 회사에 있어서 중요한 순서대로 A랭크 고객, B랭크 고객, C랭크 고객, 이렇게 나누는 것이다.

하지만 A랭크 고객, B랭크 고객, C랭크 고객이라고 하는 것은, 현재 어느 정도로 중요한 손님이냐 하는 지표다. 당신이 알고 싶은 것은 A랭크 고객은 어떤 경위로 A랭크 고객이 되었는가 하는 것이다. 왜냐하면 그것을 알면 C랭크 고객을 A랭크 고객으로 어떻게 키워야 할지 방향이 보이기 때문이다.

고객을 키우기 위한 방향성을 찾기 위해서는 다음 부분을 체크해보는 것이 좋다. 이상적인 고객은 '먼저 무엇을 사는지', '그다음에는 무엇을 사는지', '마지막으로는 무엇을 사는지' 하는 것이다.

파일드 액티브의 이상적인 고객은 2~10만 엔 정도 하는 스포츠 선수도 애용하는 티타늄이나 수정 목걸이를 구매해주는 고객이다. 그 정도까지 파일드의 상품을 신뢰해주는 고객이다.

이런 이상적인 고객은 어떤 상품을 통해서 이상적인 고객이 되었을까? 먼저 1,000엔 이하의 티타늄 테이프는 통증을 완화시켜준다. 고객은 이 상품을 이용해봄으로써 상품의 효과를 실감한다. 그 후, 10만 엔 이상의 수정 목걸이를 구매하게 된다. 단순화한다면, 이상의 고객은 이런 과정을 거쳐 진화한다.

이러한 이상적인 고객이 거치는 과정을 신규고객이 자연스럽게 밟을 수 있도록 교육하고 싶다. 그 도구로 가장 좋은 것이 뉴스레터다.

뉴스레터란 '○○통신'과 같은 고객 전용 정보지다. 자사에서 뉴스레터를 내는 매장도 많다. 그러나 상품 설명이나 캠페인 안내가 주된 목적이라면 '팔릴까?' 하는 마음이 담기게 되어 마치 전단의 연장선처럼 된다. 그러면 고객은 '팔기 위한 목적'이라고 느끼게 되어 눈길도 주지 않는다.

뉴스레터의 가장 큰 역할 중 하나는 신규고객이 이상적인 고객이 되도록 하는 데 있다. 그러기 위해서는 먼저 무엇을 해야 할까? 상품 설명이 아니다. 상품을 설명하기 전에 할 일이 있다. 그것이 무엇이라고 생각하는가? 바로, 친구가 되는 것이다. 고객은 기업이 건네는 상품 정보는 믿지 않는다. 하지만 친구에게 들은 이야기는 믿는다.

그래서 고객과 친구가 되는 것이 필수 조건이다. '그렇게 쉽게 친구가 될 수 있을까?' 하는 의심이 들 수도 있다. 물론 고객 모두를 친구로 삼는 것은 쉬운 일이 아니다.

하지만 어떠한 장치를 해두면 고객 중의 몇 % 정도는 당신의 친구(팬)가 되어줄 것이다. 이것은 이론이 아니다. 경험에서 나온 수치다. 그럼 친구를 만들기 위해서는 어떤 장치가 필요할까? 한마디로 말하면, 재미있는 커뮤니티의 존재다.

친구라는 것은 예를 들면 학교나 동아리처럼 공통의 목표나 공통 장소가 있어야 사귈 수 있다. 아무것도 없는 곳에는 커뮤니티를 만들 수 없다. 그래서 뉴스레터상에서 (유사) 커뮤니티를 만들어주는 것이다. 그러면 친구가 생기기 쉽다.

파일드 액티브의 뉴스레터를 보면 고객 커뮤니티가 있다는 것을 알 수 있다. '고객의 목소리 대상'이라는 이벤트가 있어서 고객끼리 '이 상품을 사용해보니 좋았다'라는 정보 교환을 할 수 있게 되어 있다. 그리고 사장 자신이 '에너지맨'이라는 별명으로 불리며 인기인이 되었다. 마치 친구가 된 느낌을 준다. 친구가 된 사장이 '저는 우리 상품을 이렇게 쓰고 있어요'라고 사생활을 이야기하기도 한다. 이처럼 즐거운 커뮤니티를 통해 고객들에게 부담 없이 상품 정보가 전달된다. 활기차고 두근거리고 편안한 커뮤니티를 만드는 것이 목적이다.

또 고객에게 부담이 없는 커리큘럼, 학습 환경을 만들어준다. 그리고 차근차근 단계를 밟아 상품 정보를 전달한다. 그러자 자신도 모르는 사이에 고객은 이 회사의 팬이 된다. 실제로 내가 그랬다.

처음에는 '이런 수정 목걸이를 대체 누가 사?' 싶었다. 그러나 3개월 후에는 나 자신도 그것을 구매하게 되었다. 결국, 우리 집에는 이 목걸이가 3개나 있다. 혹 떼러 갔다가 혹을 붙여올 줄이야….

고객 육성 마케팅을
도입하자

파일드 액티브의 판매 상품은 건강상품이나 식품이었다. 약사법 규칙으로 '효과 있다', '낫는다'라는 표현을 할 수 없기에 이를 위해서 고객이 부담 없이 회사의 팬이 될 수 있도록 하는 고객 교육 커리큘럼을 도입할 필요가 있었다.

당신의 업계에서도 생각해봤으면 좋겠다. 상품을 좋게 말할수록 고객은 신뢰하지 못하고 의문을 느끼게 된다. 이 역설은 당신 업계에서도 마찬가지다.

앞에 소개한 부동산 회사의 경우를 떠올려보자.

40만 부 전단을 돌려서 3건의 전화를 받았다. 반면, 240통으로 다이렉트 메일로 주택 3동을 다 팔았다. 이 차이는 어디에서 생겨날까? 그것은 이 고객 교육 커리큘럼의 유무다.

이 부동산 회사는 감정 마케팅을 통해 소예산 광고로 주택 구입에 관심이 있는 예상고객을 모아왔다. 그리고 연락이 온 고객을 계속 서포트하며 지켜봤다. 이 지속적인 후속 조치를 통해 이 부동산 회사의 진지한 태도가 고객의 마음에 스며든 것이다. 이러한 과정에 반년의 세월이 걸렸다.

즉, 반년 전에 씨를 뿌려 그것을 정성스럽게 키운 것이다. 그 결과, 크게 거둘 수 있었다. 이처럼 고객을 키운다는 관점이야말로 비상식적으로 좋은 결과를 낳게 된 것이다.

고객의 감정을 이용해서 자기편으로 만드는 회사. 반면, 자기 사정에 따라 손님을 적대시하는 회사. 이 두 회사의 경쟁력 차이는 '240통으로 50팀의 고객을 모집'과 '40만 장으로 3팀의 고객을 모집'의 차이에서 확실하게 드러난다. 이제 승부는 보인다고 말할 수밖에 없다.

고객의 감정을 자기편으로 끌어들여 비용 대비 효과적으로 예상 고객을 사로잡는다. 그리고 예상고객을 키워 자기편으로 만든다.

이 감정 마케팅 방식은 지금까지와는 다르다. 멋지거나 세련된 방법도 아니기에 경쟁사로부터 놀림을 받을지도 모른다. 딱, 나의 핑크색 표지 책의 경우와 마찬가지로 말이다. 하지만 용기를 가지고 임했으면 좋겠다. 마지막으로 웃는 것은 당신이기 때문이다.

"라멘!", "라멘!"

오픈 전부터 포장마차 앞이 대단히 시끄럽다.

가게 앞에는 긴 줄이 늘어서 있다. 1시간 반 만에 40그릇이 팔렸다. 빠르게 재료가 소진되어 20명의 손님은 먹지 못한 채 그냥 돌아갈 수밖에 없었다.

5월 27일, 오키나와 나하시 평화거리 상가. 포장마차 라면 가게 '면 S' 가 '2시간 한정! 환상의 라멘'이라는 전단을 나누어주면서 벌어진 일이다.

나는 이 보고를 미스터 도넛에서 도넛을 먹으면서 보고 있다. 나도 모르게 눈물이 나왔다.

'면 S'는 나하시 마쓰야마에서 가장 인기가 있었던 가게였다. 하지만 원래 있던 건물의 해체 공사 때문에 장소를 옮길 수밖에 없었다. 그리고 올해 4월부터 제로에서 다시 시작하게 되었다고 한다. 하지만 전혀 팔리지 않는 시기가 이어졌다.

그의 노력과 고생을 알기에 이 보고가 굉장히 기뻤다.

'면 S'의 사장 노자키(野崎) 씨에게 한마디 하고 싶다.

"당신이 만든 라멘은 온몸이 짜릿해질 정도로 맛있어."

이 책에 쓴 것은 포장마차 라멘 가게부터 연 매출 3,000억 엔의 큰 물류회사까지 실천하고 있다. 또한 내가 책에서 이야기한 대형 광고 대행사조차 클라이언트 제안에 도입하고 있다.

하지만 아무리 많은 회사가 실천하고 있다고 해도 당신의 신뢰를 얻을 수 있을지는 별개의 문제다. 이 책을 읽고 내가 사기꾼이라고 생각하는 분도 당연히 있을 것이다.

그렇게 생각한다고 해도 어쩔 수 없다. 나는 친척들에게 "간다 마사노리는 글을 쓰지 않는 게 좋을 것 같다"라는 말을 들을 정도로 글재주가 없다.

하지만 그래서 자신 있게 말할 수 있다. 나를 바보라고 여겨도 좋다.

이 책 자체를 부정해도 괜찮다.

다만, 한 가지 부탁이 있다.

실천하는 것의 중요성은 부정하지 않았으면 좋겠다. 전작을 읽고 시행해 300사 이상의 회사로부터 성과 보고를 받았다. 굉장하다. 그들의 실천 에너지가 전해진다. 이 에너지가 앞으로 실천하는 사람에게 용기를 주었으면 좋겠다. 정말 고맙습니다.

그리고 고사카 유지 선생님, 감사합니다. 고사카 선생님과의 공동 작업으로 감정 마케팅은 점점 더 레벨이 높아지고 있습니다.

이 책의 내용도 이동 중인 신칸센 안에서, 그리고 닭꼬치집에서 술을 마시며 그와의 뜨거운 논쟁을 통해 개발된 것이다.

마지막으로 독자인 당신에게

실천은 망상보다 100배 멋있다!

세 들어 사는 작은 사무실에서

간다 마사노리

추신, 당신은 어디에서부터 첫걸음을 내딛을 것인가?

* 원서에는 이 책의 노하우로 업적을 올린 334개 회사 명단이 있습니다. 이 책 덕분에 도움을 받고, 성과를 올린 회사가 일본에 300여 개가 넘었다는 것을 실제로 증빙하는 것입니다. 그러나 이 책의 초판이 2000년에 나왔고, 일본 기업들의 명단이기 때문에 편의상 싣지 않았음을 알려 드립니다. – 편집자 주.

간다 마사노리의

감정 마케팅으로
고객을 사로잡는 법

제1판 1쇄 2024년 5월 10일
제1판 2쇄 2024년 5월 20일

지은이 간다 마사노리
옮긴이 최윤경
펴낸이 한성주
펴낸곳 ㈜두드림미디어
책임편집 배성분
디자인 김진나(nah1052@naver.com)

㈜두드림미디어
등   록 2015년 3월 25일(제2022-000009호)
주   소 서울시 강서구 공항대로 219, 620호, 621호
전   화 02)333-3577
팩   스 02)6455-3477
이메일 dodreamedia@naver.com(원고 투고 및 출판 관련 문의)
카   페 https://cafe.naver.com/dodreamedia

ISBN 979-11-93210-73-4 (03320)